"OECD学习科学与教育创新"译丛 | 译丛主编 任友群

OECD教育研究与创新中心 主编

王美 李晓红 译

促进21世纪学习的领导力

Leadership for 21st Century Learning

华东师范大学出版社

Originally published by OECD in English under the title:

以下英文原版由经济合作与发展组织(OECD)出版:

Leadership for 21st Century Learning, *Education Research and Innovation*

© 2013, Organisation for Economic Co-operation and Development (OECD), Paris.

© 经济合作与发展组织(OECD),巴黎,2013。

All rights reserved. 版权所有。

© 2016 East China Normal University Press Ltd. for this Chinese edition.

中文版 © 华东师范大学出版社有限公司,2016

The quality of the translation and its coherence with the original language text of the work are the sole responsibility of the author(s) of the translation. In the event of any discrepancy between the original work and the translation, only the text of original work shall be considered valid. 译者仅对译文质量及其与原作文本的一致性负责。当译文与原作矛盾时,原作应被认作唯一的有效文本。

上海市版权局著作权合同登记　图字:09-2014-761号

译丛总序

经济合作与发展组织(Organisation for Economic Co-operation and Development, OECD)是推动国际学习科学研究的一支重要力量。1999年,学习科学研究领域第一本里程碑式的著作《人是如何学习的:大脑、心理、经验及学校》在北美面世,同一年,经济合作与发展组织教育研究与创新中心(Centre for Educational Research and Innovation, CERI)发起了"学习科学与脑研究"项目(Learning Sciences and Brain Research)。该项目旨在通过跨学科的国际性的协作,进一步理解贯穿人一生的学习过程,并促进神经科学研究者、教育研究者、教育决策者之间的对话。该项目第一阶段是从1999年至2002年,最终成果为《理解脑:迈向新的学习科学》(*Understanding the Brain: Towards a New Learning Science*);第二阶段从2002年开始一直到2006年,形成了《理解脑:新的学习科学的诞生》(*Understanding the Brain: The Birth of a Learning Science*)这一重要的研究成果。

2008年,经济合作与发展组织教育研究与创新中心开启了一项新的学习科学研究——"创新型学习环境"项目(Innovative Learning Environments, ILE)。[①] 该项目主要面向青少年的学习,研究如何深刻地理解学习本身,以及什么样的条件和环境能够使青少年更好地学习,旨在使政策改革者、创新行动者和学习科学研究者走到一起,利用这些研究发现使经济合作与发展组织的教育系统转变成为"学习驱动"的系统。"创新型学习环境"项目主要从三个方面展开:2008年至2010年着重进行学习研究,分析了国际范围内关于学习、教学与学习环境的研究发现,形成了《学习的本质:用研究激

---

① https://www.oecd.org/edu/ceri/innovativelearningenvironments.htm.

发实践》(The Nature of Learning: Using Research to Inspire Practice)这一颇有影响力的研究成果;2009 年至 2012 年主要是在全球范围内搜集创新型学习环境的具体案例并从学习科学的视角进行分析,这一阶段的主要成果是《创新型学习环境》(Innovative Learning Environments);2011 年至 2015 年则是聚焦如何在宏观和系统的层面上实施与学习相关的变革,并形成了《促进 21 世纪学习的领导力》(Leadership for 21st Century Learning)以及《重新设计的学校教育:迈向创新型的学习系统》(Schooling Redesigned: Towards Innovative Learning Systems)这两项研究成果。

在国际学习科学研究领域,经济合作与发展组织与美国自然科学基金会(National Science Foundation,NSF)并驾齐驱,两大机构之间同时还有着非常紧密的合作与交流。早在 1999 年,双方就在美国弗吉尼亚联合举办了学习型经济与社会中的知识测量高层论坛(High-Level Forum on Measuring Knowledge in Learning Economies and Societies)[①]。2012 年,它们又联合举办了双方间的第一次学习科学大会,主题为"将我们是如何学习的联结到教育实践和政策:研究证据与启示"(Connecting How we Learn to Educational Practice and Policy: Research Evidence and Implications)[②],这次大会在经济合作与发展组织的总部法国巴黎召开,来自美国的几大学习科学中心的研究者都进行了报告。2014 年 3 月 1 日至 6 日,这两大机构再次携手,并联合联合国教科文组织(UNESCO)、香港大学、上海师范大学以及主要承办单位华东师范大学,在中国上海共同举办了"学习科学国际大会",来自世界各地的研究者和相关领域的专家就学习科学研究的进一步发展及如何推动教育政策和实践的变革进行了广泛交流和深入对话。

由于华东师范大学是 2014 年"学习科学国际大会"的主办方之一和东道主,因此在长达一年多的会议筹办阶段和为期一周的会议举办期间,我和经济合作与发展组织教育研究与创新中心主任 Dirk Van Damme 有过多次交流。2014 年末,我率华东师范大学代表团至巴黎访问经济合作与发展组织的总部,借此机会拜访了 Dirk 并与他进行了会谈。在此次会谈中,Dirk 向我介绍了他所领导的教育研究与创新中心,并推荐

[①] http://www.oecd.org/edu/innovation-education/1855168.pdf.
[②] http://www.oecd.org/edu/ceri/49382960.pdf.

了该中心过去几年中开展的重要项目,还有一些已出版的与学习科学、教育技术和教育创新相关的一些研究报告。通过 Dirk 的介绍以及我的初步翻阅,我感到这些研究成果是正在寻求教育系统创新与变革的中国教育研究者、实践者和决策者所需要的,因此萌发了翻译引介的念头。回国后,我便请华东师范大学出版社对相关书目进行了版权引进,并组织华东师范大学相关学科的中青年学者着手进行翻译。

目前"OECD 学习科学与教育创新"译丛共包含 6 本著作,分别为:

- 《创新型学习环境》(Innovative Learning Environments)
- 《促进 21 世纪学习的领导力》(Leadership for 21st Century Learning)
- 《教育:促进健康,凝聚社会》(Improving Health and Social Cohesion through Education)
- 《技术驱动,教育为本:技术革新教育的系统方法》(Inspired by Technology, Driven by Pedagogy: A Systemic Approach to Technology-Based School Innovations)
- 《全球化世界中的语言:为促进更好的文化理解而学习》(Languages in a Global World: Learning for Better Cultural Understanding)
- 《回归艺术本身:艺术教育的影响力》(Art for Art's Sake? The Impact of Arts Education)

这 6 本著作都是经济合作与发展组织教育研究与创新中心的"教育研究与创新"系列丛书,其中前 2 本是上文提到的"创新型学习环境"项目的主要研究成果。为了帮助读者了解此套译丛的概貌,我在此对这 6 本译著做一下简单的介绍。

《创新型学习环境》聚焦于如何变革学习方式以发展 21 世纪最为重要的能力,它与《学习的本质:用研究激发实践》一起,明确界定并例示了七大学习原则:(1)以学习为中心,促进参与;(2)确保学习是社会性的、合作性的;(3)高度适合学生的动机,关注情绪;(4)对包括先前知识在内的个体差异保持敏感性;(5)对每一位学习者有高要求但不会让他们承受过重负担;(6)运用与目标一致的评价,强调形成性反馈;(7)促进活动之间、学科之间以及学校内外之间的横向联结。这些是创新学习环境的方向和方法,也是学校教育系统创新的重要理据和有益借鉴。

该书还从学习环境的要素、学习环境的动力系统、领导力等方面,概括了案例所示的学习环境创新之道。学习环境的四要素是学习者、教育者、内容和资源。在所选择的案例中,学习者可能包括虚拟教室中的学伴甚至家长;教育者可能是相关行业或者领域的专家、成人或者学生的同伴;内容的重点针对 21 世纪学习者要具备的能力,如社会学习能力、跨学科能力,以及语言及可持续发展能力等;资源可能是来自网络的即时数字化资源。而动力系统推动着这些要素运作和交互方式的变化:教师和其他教育者可以重组;学生群体往往跨越年龄和年级,也可以超越时空的限制;学习时间灵活适应,而非固定不变;教学和评估更加个性化。要素和动力系统构成了学习环境之"教学内核"(pedagogical core)。

对于学习环境这个生态系统,要有良好的设计和有效的策略,对于学习进程要进行即时性的评估、反馈和调适,确保学习处于创新的中心。同时,要通过合作提升教师的能力,特别是跨界合作及联合其他学习环境的能力。要进一步推动变革,则要进一步关注来自科学研究与开发、技术进步、模块重组、知识网络化和分享等来源的新动力。

《促进 21 世纪学习的领导力》提出"学习领导力是指为了使学习得以发生而确立方向和承担责任"。它通过分布式、联结式的活动和关系得以实施,不仅包括正式参与者,还包括不同的合作伙伴,可以在整个学习系统的不同水平上进行实施。不管是在学校的微观层面上抑或是在更广泛的系统层面上,学习领导力提供了以创建和维系旨在助益良好学习的环境为核心的领导力的重要形态和目的,决定了学习的方向和结果。

该书是"创新型学习环境"项目第三阶段"实施与变革"研究的第一本举足轻重的出版物,它承接《创新型学习环境》一书中对学习领导力的重点强调,从概念和实践两个层面对什么是学习领导力进行了更深入的分析。同时,该书还介绍了一些如何运用创新策略和创新举措培育学习领导力的具体案例,并提出了几个重要观点:(1)学习领导力将创建促进 21 世纪学与教的环境置于领导力实践的核心;(2)学习领导力表现出了创造性并且常常伴随着勇气;(3)学习领导力示范并培育着 21 世纪专业主义;(4)学习领导力是社会性的、联结性的;(5)随着学习环境的创新,学习领导力变得更加复杂,通常涉及各种非正式伙伴;(6)创新型的学习领导力涉及复杂的多层次的化学过程;(7)需要系统层面的学习领导力。

《教育:促进健康,凝聚社会》一书起源于经济合作与发展组织教育研究与创新中心"学习的社会产出"项目(Social Outcomes of Learning，SOL)。该项目主要考虑到当代世界各国的国民幸福与社会进步等非经济问题的重要性日益显现，教育对于塑造这些关乎社会进步的指标作用显著。然而，人们对教育与社会产出之间的因果效应、因果路径、环境作用以及不同教育干预措施的相对影响，都知之甚少，因而开始了相关研究。经济合作与发展组织教育研究与创新中心于2007年出版了《理解学习的社会产出》(Understanding the Social Outcomes of Learning)一书，以一系列概念框架，描述并帮助人们理解学习与各项社会产出之间的关系。《教育：促进健康，凝聚社会》是该项目第二阶段的研究报告，也是"学习的社会产出"项目的第二本著作。

该书综合现有证据、原始数据和政策议题，以评估"学习的社会产出"，说明了借由何种途径，教育能够有助于改善社会产出。该书提出，通过培养认知、社交和情感技能，促进公民养成健康的生活方式及建立良好的人际关系，教育可以改善健康，促进"公民和社会参与"。然而，只有信息交流和认知技能是不够的。社交和情感方面的技能可使个体更有效地利用认知技能处理所获信息，这样，人们才能更好地预防和应对健康风险，凝聚社会。教育不仅有助于个体习得这些技能，也有助于个体养成关乎健康生活方式的习惯、规范和信念，还有助于培养积极的公民。学习同样存在于家庭和社区，二者都是儿童发展多项关键能力的重要环境。该书还指出，当家庭、社区与教育机构所作出的努力保持一致时，这些努力最有可能取得成效。这就要确保在各个教育阶段、各社会领域的政策连贯统一。此外，政府在促进政策一致性和激励利益相关者合理投资方面，扮演着不可或缺的角色。

《技术驱动，教育为本：技术革新教育的系统方法》一书以丰富的案例从技术创造的机遇、技术驱动革新的监测与评价、研究的作用与贡献三方面阐释了技术驱动的教育革新。

该书第一部分概述了教育领域中技术的变化趋势，重点总结了Web2.0及数字学习资源的兴起与发展带来的机遇与挑战。第二部分侧重于论述国家如何监控与评价技术的应用，旨在支持与促进技术应用的普及与推广。这一部分还呈现了来自澳大利亚和新加坡的两个不同案例，分别介绍了澳大利亚在监控与评价ICT的教育应用的广泛事宜中是如何形成日益复杂的视角的，以及新加坡是如何从国家整体规划的层面对技术革新教育进行整体的设计、实施与评价的。第三部分以新视角呈现了研究的作用与贡献,针对技术应用效果研究采用持续的国际对比,探索了设计研究的可行之道。

最后,该书对运用系统方法开展技术驱动的教育革新予以了肯定,指出这种方法在对此类革新的评估以及运用可信证据决策的复杂问题上尤其有用,并且对当前教育革新假设构成了挑战。对此,该书还建议各国政府及教师等人群重新思考如何支持、监测与评价革新,无论这种正确的策略与工具应用是否恰当,是否发挥了所有的潜能,教育中技术应用的最终落脚点应该始终是学生的学习质量。

《全球化世界中的语言:为促进更好的文化理解而学习》一书源于"全球化、语言和文化"项目(Globalization, Languages and cultures)。该项目由经济合作与发展组织教育研究与创新中心发起,从 2008 年到 2011 年与哈佛大学教育研究生院密切合作完成,其目的是使人们更好地理解一些在这个全球化时代越来越重要、但在教育研究文献中只是部分或边缘性地得到了解决的问题。比如,在非母语言学习中为什么有些人比另一些人更成功?为什么有些教育体系或国家在非母语教育中比另外一些更加成功?对这些问题的探讨越来越重要,因为全球化的兴起使语言能力无论是对个体而言,还是在社会层面都越来越彰显其价值。

全书共 25 章,每一章作者的文化背景几乎都不相同,从而能表达独特的声音,并把各种学科交叉点上的想法汇聚到一起,提供来自全世界的观点。书中探讨的问题超越了(应用)语言学,涉及历史学、社会学、心理学,并且总是(直接或间接地)触及极端微妙的身份认同/他异性等问题,因此又涉及哲学、伦理学和政治学。

本书视角多元,探讨了从法国到哈萨克斯坦,从秘鲁到坦桑尼亚等全球范围内许多国家的语言学习问题,针对语言和文化在现在和将来对于人类的中心作用提出了重要看法。其总体目标是说明世界范围内语言多样性及其与教育的关系等宏大问题,分析教育政策和实践如何更好地回应这些新情况带来的挑战,以便使现在的决策者们能更了解情况,同时启发读者认识到(以及鼓励他们反思)学习过程本身以外促进或阻碍成功习得非母语语言的多重因素。

《回归艺术本身:艺术教育的影响力》主要从两大部分对艺术教育进行了讨论。第一部分就不同艺术教育形式对认知的影响进行了分析,包括多元艺术教育、音乐教育、视觉艺术教育、戏剧教育、舞蹈教育对认知的影响和视觉艺术对阅读的影响。第二部分阐述了艺术教育对创造力、主动性、社交技能、脑力开发等非认知方面的影响。该书通过对大量研究的客观而审慎的分析,提出接受一定形式的艺术指导将对某些具体技能的开发产生影响,特定艺术形式的学习会形成对应类型的技能,而这些技能可能"转移"到其他领域。例如,音乐学习涉及听觉训练,听觉注意力的提高会提升语音感知技能,因而音乐学习就"转移"提升了语音感知技能。另外,戏剧学习涉及人物分析,因此会影响到理解他人观点的技能。但该书同时指出,艺术教育对于创造性和关键思维、行为和社交技能的影响尚无定论。

展望未来对艺术教育影响力的研究,该书作者希望研究者能进行更多的实证性研究,并且建议优先对艺术教育的方法论和理论架构进行探究。更加具体的建议则包括考察艺术思维习惯,探究具体艺术和特定非艺术技能间的联系,比较研究艺术形式的学习和"转移"领域的学习等。

本译丛将是一套开放的译丛,未来我们还将继续关注和跟踪经济合作与发展组织与"学习科学与教育创新"主题相关的项目与研究,并及时引介。本译丛的出版是华东师范大学推进学习科学研究的又一努力。此前,由我的导师华东师范大学终身教授高文先生及华东师大学习科学研究团队在 2002 年推出的"21 世纪人类学习的革命"译丛(第一辑)是国内关于学习科学研究的首套译丛,主要收录了北美学习科学研究的若干经典著作,推出后在教育研究、实践与决策领域都产生了广泛影响。2012 年,我和我的同事们继续在此基础上主编了"21 世纪人类学习的革命"译丛(第二辑),到目前已出版了 8 本译著。我希望现在推出的这套"OECD 学习科学与教育创新"译丛能够继续为我国的学习科学研究带来新的视角,提供另一种参考。

最后,在译丛出版之际,我要感谢全体译者过去两年多来所付出的辛劳,感谢华东师范大学出版社王焰社长、教育心理分社的彭呈军社长以及编辑孙娟对丛书出版给予的支持。我也期待着来自读者您的反馈和宝贵意见。

2016 年 7 月于江西上饶信江河畔

前　言

"创新型学习环境"项目(ILE)是由 OECD 教育研究与创新中心(CERI)发起的一项国际研究。它关注的是为年轻人组织安排学习的创新方法,希望运用关于学习和创新的前瞻性观念对当代的教育改革进程产生积极影响。

"创新型学习环境"项目(ILE)从三个方面展开:"学习研究"、"创新案例"、"实施与变革"。这三个方面呈现和描述了"创新型学习环境"项目的组织形式,但事实上它们做得更多。思考学习组织安排的创新性变革的一个关键性起点是深刻地理解学习本身,这一观点在"创新型学习环境"项目的设计中得到了体现。第一个方面"学习研究"的成果是 2010 年出版的《学习的本质:用研究激发实践》(*The Nature of Learning: Using Research to Inspire Practice*)。"创新案例"是"创新型学习环境"项目设计的第二个方面,它深入到实践中,看世界范围内的实践者们是如何在他们各自的创新型学习环境中切实地工作的,这方面的成果是《创新型学习环境》(*Innovative Learning Environments*)(2013)。"学习研究"和"创新案例"两方面的研究又共同为"创新型学习环境"项目正在进行的第三个方面"实施与变革"奠定了一个思考变革策略、创新行动和方法的坚实基础。

本书聚焦于学习领导力,它是"创新型学习环境"项目第三个方面"实施与变革"研究的第一本举足轻重的出版物,是在与西班牙巴塞罗那的豪梅·波菲尔基金会(Jaume Bofill Foundation)的合作下完成。豪梅·波菲尔基金会为此项国际研究提供了支持,同时还在西班牙的加泰罗尼亚(Catalonia)实施了一项颇有贡献的研究,并发起了一项发展计划。

本书基于上述"创新型学习环境"项目研究成果《创新型学习环境》(*Innovative*

前 言

Learning Environments）一书中对学习领导力的强调，从概念和实践两个层面对什么是学习领导力进行了更深入的分析。同时，本书还利用"创新型学习环境"项目系统协调人的网络，介绍了他们所在的特定境脉如何运用创新策略和创新举措培育学习领导力的一些案例。

"学习领导力"并不是一个常用的术语，但我们之所以选择它是为了强调为了促进学习而领导和设计是多么重要，同时也希望将它与教学领导力等相关概念区分开来。本报告中，学习领导力扎根于创新型学习环境（ILE）项目所致力于的研究议题之中。它特别关注面向年轻人的创新型的、强有力的、整体性的学习环境的设计、实施和维系。领导力是通过贯穿于学习系统的分布式、联结式的活动和众多正式领导者和非正式领导者之间的关系得以实现的。

来自不同系统的各位专家和专业人士所作出的众多独特贡献构成了本书，他们有的从理论出发，有的从实践出发。为了把不同的主题汇集到一起，在本书开篇，OECD秘书处充分运用本书中的各种观点，作了一个内容翔实的综述，将本书围绕"5W和1H"的框架进行了组织，这5个W和1个H分别是为什么？是什么？如何？谁？哪里？何时？

我们要特别感谢西班牙巴塞罗那的豪梅·波菲尔基金会，它非常慷慨地支持了"创新型学习环境"（ILE）项目关于学习领导力的研究。豪梅·波菲尔基金会提供了支持这一国际研究的资源、设施，并组织当地力量参与了在巴塞罗那举行的两次会议。第一次会议是2012年11月在早期草案基础上举行的国际研讨会，第二次是2013年12月在本报告完稿基础上举行的国际大会。我们还要特别感谢 Ismael Palacin、Anna Jolonch 和 Valtencir Mendes，他们三位分别是豪梅·波菲尔基金会的主任、研究负责人和国际项目协调人。

我们还要感谢所有参与本书各章节写作的作者：Joan Badia、Clive Dimmock、Anna Jolonch、Dennis Kwek、John MacBeath、Márius Martínez、James Spillane 和 Yancy Toh。感谢为第5章中"国际案例"部分作出贡献的 Lone Lønne Christiansen、Judy Halbert、Linda Kaser、Susanne Owen、Roser Salavert、Per Tronsmo、Dorit Tubin 和 Tanja Westfall-Greiter。除了上面提到的这些人，我们还对在准备会议及研

讨会上促进我们反思的人们（特别是 Simon Breakspear、Anne Sliwka 以及 2012 年 11 月研讨会的与会者）深表谢意。特别感谢 Louise Stoll，她自始至终投身其中，并与 OECD 秘书处一起为开篇的综述提炼主题和形式，与大家分享初稿。

　　本书由 OECD 秘书处的 David Istance、Mariana Martinez-Salgado 及 Marco Kools 筹备。Lynda Hawe、Iris Lopatta 和 Isabelle Moulherat 一起完成了出版前的文本工作，Sally Hinchcliffe 和 Peter Vogelpoel 分别进行了审稿和排版设计。

目 录

内容摘要　1

第一章　创建创新型学习环境的学习领导力综述　5
　　本报告的目的和背景　5
　　以 OECD 前期研究分析为基础　7
　　"为什么"关注学习领导力　9
　　"什么是"学习领导力　12
　　"如何"实施学习领导力　17
　　"谁"来实施学习领导力　30
　　"在哪里"实施学习领导力　40
　　"何时"实施学习领导力　43
　　关于学习领导力的总结性观点　45
　　参考文献　47

第二章　教育组织中的教学领导和管理实践　51
　　导言　51
　　教学：领导力工作的本质所在　53
　　聚焦领导教学的实践　56
　　诊断与设计：组织的基础结构与实践　61
　　结论　67

参考文献　69

第三章　在变革的世界中领导学习　73
　　导言　73
　　领导力的特征　74
　　学习领导力的五条原则　77
　　改变学习的境脉　84
　　学校教育外的学习　85
　　参考文献　94

第四章　新加坡高绩效学校中促进21世纪学习的领导力　97
　　导言　98
　　新加坡学校体制的背景　98
　　一个21世纪领导力的模式　99
　　两所学校的改革案例研究　109
　　结论　119
　　参考文献　121

第五章　不同学校体制下学习领导力的发展途径　123
　　导言　124
　　改革代理网络：作为奥地利教师领导者的学习设计者(Tanja Westfall-Greiter)　125
　　创新型学习环境：不列颠哥伦比亚的领导力发展(Judy Halbert and Linda Kaser)　134
　　纽约市学习领导力的发展与培养(Roser Salavert)　139
　　挪威的学习领导力发展(Lone Lønne Christiansen and Per Tronsmo)　144

南澳大利亚的学习领导力（Susanne Owen）　151
　　系统层面上促进创新的学习领导力：以色列的改革项目（Dorit Tubin）　157
　　参考文献　162

第六章　提升加泰罗尼亚等地的学习领导力　166
　　加泰罗尼亚的教育创新国际化　166
　　项目所研究的学习领导力　174
　　参考文献　185

经济合作与发展组织　187

图目录

图 4.1　学校设计模型：一个促进 21 世纪学习的领导力框架　103
图 5.1　"学习设计者"的工作职责是什么？　128
图 5.2　"新中学之家"　129
图 5.3　探究螺旋　138
图 5.4　教学探究螺旋　142
图 5.5　全校范围的探究螺旋　142
图 5.6　DECD 的教育创新　154

内容摘要

领导力非常重要。因为不管是在学校的微观层面上,抑或是在更广泛的系统层面上,领导力在很大程度上决定了它的方向和结果。由于学习是教育的核心工作,它提供了以创建和维系良好的学习环境为核心的领导力的重要形态和目的。在确立新方向时,创新是实施学习领导力的一个不可分割的部分。

因此,学习领导力是指为了使学习得以发生而确立方向和承担责任。它通过分布式、联结式的活动和关系得以实施,不仅包括正式参与者,还包括不同的合作伙伴,可以在整个学习系统的不同水平上实施。在致力于转型、坚守和促进变革发生的层面上来说,它还包括"学习管理"。

学习领导力

OECD秘书处充分运用本报告中各章的观点,在第一章通过概述进行了深刻的独立分析。它是围绕着"5W和1H"的框架来组织的,即,为什么?是什么?如何?谁?哪里?何时?

James Spillane所撰写的第二章聚焦于领导和管理教学,对他来说,这是"学校教育的核心技术"。他提出,太多分析立足于"领导学校机构而不是领导机构中的核心工作",因而和教学、学习及教与学的改进只存在微弱的关联。他为研究证据搭建了一个分析框架并进行了分析,旨在为促进学习领导力提供见解。

John MacBeath提出了领导力的原则:聚焦学习、创建有益条件、促进对话、共享领导责任、分担责任意识——强调了创建学习共同体的重要性。他将关注点进一步拓展，把非正式学习也纳入进来，因而在很大程度上增加了领导力在设计和实践上的挑战。

Clive Dimmock、Dennis Twek 和 Yancy Toh 在描述相关的领导力设置之前，先提出了一种以 21 世纪所需的学习的本质为出发点，并使之与恰切的教与学的安排关联起来的方法——即形成"学习设计模型"的"逆向规划"（backward mapping）方法。该模型已在两所新加坡学校中得到了应用。

第五章介绍了一些在创新型学习环境项目中筛选出来的领导力创新行动并进行了分析：

- Tanja Westfall-Greiter 介绍了当前奥地利"新中学"（Neue Mittelschule，NMS）改革中设立教师学习领导者（学习设计者，*Lerndesigners*）的策略。
- Judy Halbert 和 Linda Kaser 讨论了加拿大不列颠哥伦比亚的领导力项目。该项目通过领导者在他们各自学校和共同体网络中开展的活动，将领导者聚集在一个学习"探究螺旋"中。
- Roser Salavert 介绍了纽约市的一些案例，涉及专业学习共同体、领导力教练、教师团队和学生的"声音"。
- Lone Christiansen 和 Per Tronsmo 介绍了挪威的领导力培养方式和两个国家项目，一个是关于学校领导力的专业发展，另一个是关于为校长和当地教育机构提供的培训指导。
- Susanne Owen 和 Dorit Tubin 介绍了南澳大利亚和以色列的案例，描述了教育部各相关部门在驱动创新型学习并为之提供支撑条件方面开展的工作。

Anna Jolonch、Màrius Martínez 和 Joan Badia 撰写的最后一章分析了 OECD 和豪梅·波菲尔基金会合作设计的促进西班牙加泰罗尼亚和更广泛的国际共同体的学习领导力协作项目的缘起、协作方法及其影响。这一创新举措中有一支重要的研究队伍，其中的研究者和实践者们详细分析了六个学习领导力示范学校。

总结性观点

学习领导力将创建促进21世纪学与教的环境置于领导力实践的核心。学生的学习是教育工作的重心:不管环境是什么样的,核心工作是确保深度的21世纪学习。要实现这样的追求,设计和开发创新型学习环境需要有极高要求的教学知识库(teaching repertoires),需要每个人不断学习、忘记学习(unlearning)①和再学习。所有参与者和参与伙伴的持续学习是创新型学习环境得以成功实施和维系的一个条件。

学习领导力表现出了创造性并且常常伴随着勇气。创新、设计、促进他人参与、再设计等这一切都需要创造性的投入,并且往往也需要勇气的投入。当以转型为目标时,心智和实践必须要有深度的转变,也必须要有时刻保持长期愿景的能力,刚开始也许要一点点来。领导力聚焦于实践、结构和文化的深度转变。

学习领导力示范并培育着21世纪专业主义。通过专业学习、探究和自我评估,学习领导者自身就是高水平的知识工作者。凭借参加合适的专业学习以及为他人的专业学习创设条件,学习领导者在他们更广泛的共同体中示范着类似的专业主义。

学习领导力是社会性的、联结性的。学习领导力本质上是社会性的,互动是领导力实践的本质所在。学习领导力通过参与专业学习共同体(professional learning communities,PLCs)和网络而得以发展、生长和维系。这意味着共同体网络的"中观"层面(而非行政层面)是非常关键的。

随着学习环境的创新发展,领导力变得更加复杂,通常涉及各种非正式伙伴。关于教育领导力的研究文献已经被"一个叫做学校的地方"(Place Called School)统治。通过制造不断增长的教学需求和组织需求,创新型学习逐渐将非正式学习场景和方法整合进来。领导力和专业学习共同体的分布必须拓展至一系列的不同专业工作者、参与者和共同体。

变革性的学习领导力涉及复杂的多层次的化学过程。强有力的21世纪学习环境

---

① 忘记已学的知识,以便学习新的观念或知识。——译者注

的系统变革和维系依赖于不同层面的学习领导力。最初的驱动力可能来自于任一层面，比如可能来自于正式系统内部，也可能来自于其他伙伴。但要使这种初始的驱动力在更大范围内持续下去，还需要其他层面上的相应决策和行动。

　　需要系统层面的学习领导力。系统层面的学习领导力可能会服务于促进变革的初始空间的创建，或者可能会用于回应微观层面的变革。政策的一个关键角色在于为促进网络式的专业学习创造条件。管理和问责系统应该与创建强有力的创新型学习环境这一追求相一致，或者至少不唱反调。

第一章 创建创新型学习环境的学习领导力综述

OECD 秘书处[1]

OECD 秘书处所撰写的这篇综述将学习领导力放在创新型学习环境的广阔视角下进行讨论。学习领导力可以被看作是通过分布式、联结式的活动和关系,来积极地促进强有力的、创新的学习环境的设计、实施和维系。它不仅涉及正式的领导者,还包括其他不同的参与伙伴,在整个学习系统的不同层面得以实施。本章提出了一个"5W 和 1H"框架,用来分析学习领导力的不同维度:为什么?是什么?如何?谁?哪里?何时?本章还提出了九个总结性的观点,并为那些身处领导职位的人们提出了一些问题,旨在促进学习领导者将该综述应用于实际。

本报告的目的和背景

学习领导力是创新型学习环境(ILE)项目的一个关键主题,并在前面提到的"创新型学习环境"项目最近出版的《创新型学习环境》(OECD,2013)一书提出的框架中占据着一个重要的位置。领导力如此重要,是因为它为处于复杂性不断增强的组织中的学习设立了方向,并从设计和策略的角度来看待学习。这意味着有必要通过分析和案例对它进行更进一步的审视,本书由此应运而生。学习领导力之所以如此重要的另一个原因是它为分析单个案例("创新型学习环境"项目第二方面的研究)与"实施与变革"这一更大的关注点("创新型学习环境"项目第三方面的研究)之间搭建了一架天然的桥梁。

这不是 OECD 第一次如此关注领导力,接下来我们会对 OECD 在 2008 年和 2009 年完成的一些研究进行总结(OECD,2008a,2008b,2009)。这些研究已经发现了将领导力与学习紧密相联的重要性。某种程度上,本报告在差不多五年后延续了这一关注,并更加理解了为何要如此重视发展与提升领导力。由于学习领导力是从"创新型学习环境"项目中生发而来,它的出发点是学与教这一生态系统的"微观"层面,并由此进入到实践网络和共同体这一"中观"层面,以及系统和政策这一"宏观"层面。它意味着能够创建、开发和维系创新型学习环境的领导力的发展并非发生在学校或课堂这些熟悉的场景中。教育界的一些讨论已经表明,现在年轻人大部分的学习发生在正式的课堂之外,这种实践网络和共同体对学习系统而言是至关重要的。然而,有关领导力的讨论却仍然在很大程度上局限在相对封闭的正式的学校教育中。本报告开始打开视野,去探索在混合了不同的参与者、场景和风格的复杂环境中,领导力意味着什么。

"学习领导力"并不是一个常用的术语。"创新型学习环境"项目选择这个术语是试图将它与其他相关但又不相同的概念区分开来。它与教学领导力(instructional leadership)、促进学习的领导力(leadership for learning)、学习者中心的领导力(learner-centred leadership)等其他以学习为核心的领导力形态具有许多共同特征,但又不完全等同于它们。本报告中,学习领导力特别关注通过贯穿于一个学习系统的分布式、联结式的活动,以及众多正式领导者和非正式领导者之间的关系,来设计、实施与维系创新型的、强有力的、整体性的学习环境。

以《创新型学习环境》(OECD,2013)一书为起点,我们对学习领导力进行了反思,并讨论了由此带来的关键主题。为了理解不同的章节所表达的内容,我们采纳了"5W 和 1H"的疑问式命题(为什么?是什么?谁?哪里?何时?),正如 MacBeath(第 3 章)所说的"一个简单却具有很强的生成性的框架",并对它进行了修改以呈现本报告中讨论和介绍的学习领导力的不同维度,通过这个框架把各章中的观点汇集到这一个综述中。各不相同的 5W 和 1H 虽然有助于呈现学习领导力的不同维度,但它们在很大程度上是相互独立的。因此,需要从整体上去认识它们。本章最后,我们提出了一系列更为通用的统合观点。不过,我们也非常在意 James Spillane(第 2 章)关于避免简化主义的警告,不希望这些统合性的观点成为"通用食谱"。

以 OECD 前期研究分析为基础

本报告是以 OECD 前期研究的发现为基础的,某种程度上是对它的补充,某种程度上又不尽相同。除了"创新型学习环境"项目,OECD 还在"改进学校领导力"研究项目中进行了一个关于学校领导力的主要评论,分析了政策和实践,旨在寻求一个通用性的框架和一些政策建议,并围绕"系统领导力"这一更大的概念进行了专门评论和案例研究。"教与学国际调查项目"(Teaching and Learning International Survey,TALIS)在对教师培养、实践、信念、评估等多个方面进行调查的同时也调查了领导力,目前发表的结果是以 2008 年的调查为基础的(OECD,2009)。

改进学校领导力

OECD 为了促进政策开发而设计的四方面框架(OECD,2008a)(尤其是第一方面)认识到了涉及学习领导力的重要性:

1. 重新界定学校领导力的责任,特别是关于改进学生学习的学校领导力,同时主张将高度自治作为重新界定的一部分,并主张为政策和实践开发更大的框架。

2. 扩散学习领导力,主张促进和支持领导力分布到校长之外的更广范围,并主张为学校委员会在执行任务时提供支持。

3. 为有效的学校领导力发展技能,主张有必要将领导力发展视为一个连续体,有必要鼓励不同机构提供一致的支持和适当多样的有效培训。

4. 从招募、待遇、专业组织和职业机会等方面,将学校领导力打造成为一个更具吸引力的专业。

2008 年的一些案例研究(OECD,2008b)考察了澳大利亚(维多利亚)、奥地利、比利时(佛兰德)、英格兰、芬兰五个系统中一些具有前景的学校领导力策略和发展。它们分析了在这些不同系统中改进领导力的各种策略和安排,同时还重点关注了一些特定机构或创新举措,例如奥地利的"领导力研究院"(Leadership Academy),以及英格兰的国家学校领导力学院（National College for School Leadership）、专长学校联合会（Specialist Schools and Academies Trust，SSAT）。除了这些评论和案例研究，Richard Elmore 和 David Hopkins 两位首席专家还就此问题专门发表论文表达见解。

Richard Elmore(2008)探索了领导力和问责制之间的关系，强调了"领导力即改进实践"这一概念（James Spillane 在本书第 2 章对此作出了回应）。他提出改进实践需要在学校中发展和传播知识、技能的策略，这些策略能够带来高能量（high capacity），帮助应对外部压力，同时也可以应对与完成工作所需的规范、价值观、期望和过程相一致的高度的"内在问责"。从另一方面看，很多问责制带来的压力会导致在知识和技能方面的投资不足和在考试和管控方面的过度投资。《创新型学习环境》（OECD，2013）一书中围绕学习领导力、专业学习、学习获得的知识和评价、反馈和后续再设计等提出的形成性螺旋，与 Elmore 提出的能量建设和问责制非常接近。而且，他还认为，"随着改进的发展进程，领导力也会得到重新认识"。在改进的早期阶段，组织在很大程度上依赖于根据角色来界定领导力，但随着改进的持续发展，这样做就不够了，随着组织中的人们不断投入能量和贡献，领导力实践由此变得更为复杂。

David Hopkins(2008)特别关注"系统领导力"，它不是看部长或其他那些位居官僚机构顶端手握实权的人是如何自上而下领导系统的，而是看学校领导者如何能够在自己的学校之外锤炼更多的系统层面的影响，以及这种系统层面的影响是如何帮助驱动系统范围内的改进的。系统领导力需要"适应性工作"，也就是说超越现有的工作方式去寻求问题的解决方案（区别于解决那些已经有了方案的技术性问题所需的管理方式）。因此，Hopkins 已经把领导力的本质和创新直接连接起来，这与本书所提倡的方法也是一致的。

TALIS 调查研究的发现

TALIS 第一次调查研究的主要著作（OECD，2009；第二次调查结果于 2014 年出版）用了一个章节来讨论领导力。2008 年的 TALIS 项目考察了"管理行为"的五个方面：学校目标的管理，改进教学的行动，对教职工的直接管理，对内部责任人和外部责任人的问责制，规则和程序的管理。这五个方面后来被缩减为两种"管理风格"——教学领导力和行政领导力。

在行政领导力和教学领导力两方面的测量上，参与项目调查的大多数国家既有高于国际平均水平的（巴西、保加利亚、匈牙利、意大利、墨西哥和土耳其），也有低于国际平均水平的（澳大利亚、奥地利、丹麦、爱沙尼亚、比利时佛兰德、冰岛、韩国、立陶宛和西班牙）。少数国家在 TALIS 教学领导力上取得了较高的测量分数而在行政领导力上得分较低（马耳他和波兰），或者在行政领导力上得分较高，而在教学领导力上得分较低（爱尔兰、马来西亚和挪威，本书第 5 章对后者进行了探讨）。一些国家则在其他维度上触底（葡萄牙、斯诺伐克共和国和斯洛文尼亚）。不管是因为测量不够敏锐，还是因为它是一个不关注领导力风格所产生影响的更为一般性的测量，对领导力的这种测量和对教师信念、教学实践和课堂环境的各种测量之间很少有关联或没有明晰的关联。

虽然这些调查发现在很大程度上体现了不同的国家传统和取向，但是很有必要深入探究领导力特别是学习领导力的本质，从而获得更深刻的理解。

"为什么"关注学习领导力

为什么要重视和关注学习领导力？第一个原因是不管是在学校和学习环境的微观层面，还是在更大范围的系统层面，领导力对于方向和结果都有着至关重要的影响。一方面因为它至关重要，另一方面因为教育的重要性，领导力的本质和形态对关注实践形塑和政策建构的人而言自然就非常重要。也就是说，如果我们关注教育和学习的未来，我们必须关注领导力，包括领导力的改进和领导力的失败。

这意味着由于领导力对学习至关重要，所以要关注领导力实践，而不是关注那些处于正式领导岗位上的人可能也要执行的作为其职责范围一部分的所有任务。我们关注的是"领导力"本身，而不是那些领导者要做的所有事情。因为领导力需要广泛分布从而更具效力，所以这种领导力不仅包括位居正式领导职位的人，还包括其他人（参见本章"谁"来实施学习领导力部分）。但是，这不是说不要关注管理，因为要确保学习领导力所追求的方向的保持——James Spillane 在第 2 章开篇对这一点也作了强调，下一部分也对此进行了讨论。

第二,强调学习被视为领导力不可分割的一部分是因为学习是教育的核心工作。因此,这是领导力最重要的形式和工作——这种领导力强调促进良好学习环境的创建和维系。然而,它不是指任何一种学习。"学习领导力"应该通过为"深度学习"(而不是工具性学习或策略性学习)的发生创建条件来触及学习的本质(MacBeath,第3章)。将领导力与学习关联起来,是为了发展21世纪能力和内容,这也是Clive Dimmock、Dennis Kwek和Yancy Toh在第4章中提出的途径和方法论的核心。

关注学习领导力的第三个原因是由上面两个根本原因带来的,即,正如《创新型学习环境》一书中所探讨过的,在为学习环境设立新的发展方向以及开展设计时,创新至关重要。创新是当下议程的核心要素,而要驱动和维系创新必须要有领导力。Judy Halbert和Linda Kaser在第5章中介绍"创新型教育领导力证书"(Certificate in Innovative Educational Leadership,CIEL)项目时提出,既然从事领导实践工作的人在任何事件中都必须推动学习和设计的创新,那么当他们在面对颠覆性创新或渐进式改进的选择时,没有必要在这些对立性的观点中做出选择:

> 尽管改革者也许喜欢讨论改进、创新和问责制的优缺点,但对在各自的当下境脉中努力将学习更多地纳入和关联到(领导力实践)的实践者来说,对这三者进行区别并无裨益。CIEL项目的根本立场是必须要有关于学习的新取向,必须要有为了学习的新设计。

因此,下面这些根本理由汇集到一起,构成了对"为什么关注学习领导力"这一问题的回答:变革的发生必须要有经过良好锤炼的领导力;在关注学习自身本质尤其是"深度学习"和21世纪内容和能力时,将学习作为教育的核心工作至关重要;要想创新发生,必须要去创新。本报告中的学习领导力是关于学习变革的培育和引导,但也是关于创新领导力的——提升、促进、组织和管理锲而不舍的创新。

提出"为什么关注学习领导力"这一问题还因为在一些系统中,教师们不愿意承认位居学校正式领导职位的人应该享有对课堂上发生的教与学的领导权威。Lone

Christiansen 和 Per Tronsmo(第 5 章)提出："教师对领导的抵抗屡见不鲜,学校里又没有领导直接干预教师工作的传统。"Anna Jolonch、Màrius Martínez 和 Joan Badia 在第 6 章中更简洁地指出,"将领导力的概念引入教育领域还会遭遇到很多阻碍"。这提醒我们,在满怀激情地欢迎分布式领导力时,我们可能会忘记在涉及教与学的问题时,领导力的分布方向通常需要指向校长和高层管理者,或相反地由校长指向其他人。

Christiansen 和 Tronsmo 将学习领导力归到"知识组织"的范畴(除了学校,他们将医院、大学、律师事务所、咨询公司也归于此类"知识组织"),指出了在学习领导力执行过程中出现的一些问题。他们认为,当涉及专业活动的问题时,这些组织特别容易发生专业工作者和高层领导者之间的紧张关系,人们可以合理合法地对那些领导进行质疑:因为这样或那样的原因,这种逆反效应(paradoxical effect)会更多地集中在操纵和控制上面。因此,当这种紧张关系发生时,对"为什么"关注学习领导力问题的回答有助于解决这种紧张关系和知识组织中发生的逆反。当核心工作很明显地涉及知识、学习和教学时(比如在学校中),很难将所有层面上的领导力围绕核心工作协调一致起来。

挪威的作者 Christiansen 和 Tronsmo(第 5 章)以及 MacBeath(第 3 章)从另一个角度来谈"为什么"关注学习领导力的问题,他们特别援引 Hofstede 关于不同国家中的管理的研究,提出在面对"为什么"关注学习领导力的问题时,系统和文化并不是一回事。MacBeath 这样写道:

> Geert Hofstede 在全世界的学校系统中进行了调查,以评估机构权力的相对使用问题,并测量位居领导职位的人们迎接挑战并利用附属于他们的角色上的女性和男性的性别身份的意愿。

加拿大不列颠哥伦比亚(第 5 章)开发的领导力项目非常重视探究及提出(和回答)探索性问题的能力培养,并将其放在项目的核心位置。MacBeath 在第 3 章也强调了自我评估和调查式探究(searching inquiry)的重要性,他认为自我评估是学习领导力实施和发展的一部分,调查式探究也是其中一个关键要素。

"什么是"学习领导力

我们需要一些定义来框定出广阔的界限,但我们还需要更仔细地看看由那些界限所围起来的领域。由于"促进创新的学习领导力"在各种层面和情境中,由各种参与者加以实施,我们的定义并不是说学习领导力仅仅涉及那些在所谓"学校"这样的场所中工作的人。所以,为了区分出"什么是"学习领导力,我们给出了这样的定义:

> 学习领导力与积极地促进强有力的、创新的学习环境的设计、实施和维系相关。它通过分布式、联结式的活动和关系来实现。它不仅涉及正式的领导者,还包括其他不同的参与伙伴,在整个学习系统的不同层面得以实施。

本书的各个章节为这一完整定义的每个方面提供了洞见。在这一部分,我们开始先讨论了一般意义上的领导力,然后深入讨论了"创新型学习环境"项目所关注的学习领导力。本章提及的体现学习领导力的各种方式则放到了"如何"发展学习领导力(发展愿景和设立阶段性目标,创建共同体,专业学习等)部分以及"谁"来实施学习领导力(实施领导力的不同层面和场景)部分进一步讨论。

领导力

在宽泛的意义上,领导力是为某事设立方向,并为其实施承担责任。因为这是一个创造性的过程,需要与他人在动态性、社会性的情境中实现,因此领导力具有一种正如 James Spillane 在第 2 章中所描述的"突现性"特质。它不是简单易行或可以预测的,虽然本报告中没有对此进行探讨,但事实上,一些领导力在其所具有的非常规性本质方面,将领导力从管理中准确地区分了出来。领导力不是一个单独的活动,而是一个本质上有他人参与的、社交的、互动的过程,如 Spillane 所言,"超越个体的行为或个体们的行为"。

超越对个体的行为和素质的关注这一需求是本报告之所以主要聚焦于领导力而

非领导者本身的原因之一。此外,由于领导力本质上分布在教与学方面,并发生在不同的层面上,如果去探究个体的素质会导致一种风险,也就是会立即把关注点缩小到我们所熟悉的学校个体的领导力的概念上,而不是我们定义中所谈到的整个场景、参与者和不同层面。领导力涉及的学生或教师以及高层管理者没有必要共同拥有相同的素质;校长的领导力可以通过各种不同的途径实施;在一个学区里或在基金会、教育部或某个服务学习的非正式项目中,实施学习领导力的维度都是不同的。

不过本书的作者们提出了反映学习领导力本质的一些共同特质。John MacBeath 指出了"鉴别力"的重要性,认为它是"在学校生活和课堂生活的复杂性和同时性中感知什么是值得关注的事情的能力"(第 3 章)。在 MacBeath 的笔下,开拓进取的领导者需要培养他们自身及他人乐于创新的心智习惯和技能。Dorit Tubin 在第 5 章也同样提到了"自我觉知"(self-awareness),认为它是指领导者在影响他人时对其价值观、动机和有效性的理解能力。Jolonch、Martinez 和 Badia(第 6 章)介绍他们在西班牙加泰罗尼亚开展的一些案例研究时,将对更广阔的世界持开放性和准备好向他人学习纳入到了学习领导力的特质之中。Dimmock、Kwek 和 Toh(第 4 章)认为学习领导者拥有"发动变革的领导勇气"。在谈到良好的学习领导力时,"勇气"和"创造性"常常被提及。

我们非常强调领导力是进行创造性的设计、制定策略并付诸实施的一种能力,上述这些特质是与之一致的。在这些特质中,领导力体现为理解可能实现的目标,了解他人和更广阔的世界,有勇气并愿意开放地面对多种选择和可能性。它们能够影响领导力发展项目和领导招募标准。不过,学习领导力本身不应该简化为个体的素质。

领导力和管理

"领导力"和"管理"常常被拿来进行对比。有些人将之与关注维持已有状态这一管理的常规方面对比,强调领导力的创造性和灵感性。"领导力"和"管理"并不是完全同一的概念,需要对它们作出区分,但也许应该让它们互为补充而不是像这样截然相对。例如,在第 5 章中,Christiansen 和 Tronsmo 非常赞赏地引用了 Mintzberg(2009)反对在"领导力"和"管理"两者之间进行过度比较的警告:"我们应该将管理者看作是领导,把领导力看作是管理的良好实施。如果将领导力放置到一个脱离了管理的基础上，我们就将一个社会性的过程转变成为个人化的过程"。这一对于过度个人化的警告符合我们对领导力而非个体领导者的关注，但在某种程度上我们的聚焦点和Mintzberg又有所不同。

在对"领导力"和"管理"两个概念进行区分时，造成困惑的一个源头是那些被正式任命的领导者在实施领导的同时通常还有大量的常规管理和行政任务需要完成。这些任务通常被绑定在一起，以体现例如作为一个学校校长的特定工作职责范围。Spillane在第2章用"学校机构"（schoolhouse）一词来促进对任务和定义的区分："除了一些特殊情况，很多研究分析解读的是如何领导学校机构，而不是如何领导学校机构中展开的核心工作。结果，关于领导的描述和建议通常很少和教学的实际工作以及领导教学改进的实际工作相关联。"他建议将领导力和管理互为补充："教育者面临的挑战是不仅仅在教育系统中引入和实施变革，还要在变革实施之后维系变革。变革和稳定是紧密相关的，而不是截然对立甚至互为仇敌的。"（第2章）

这意味着不应该将领导力和管理两者进行笼统的对比，而应该对那些与学与教直接相关的活动和那些使机构得以运行并符合规则但却与学习环境的核心工作仅有一点非直接关系的活动进行恰当的比较。对于学习环境的设计和创新而言，问题是高层领导者/管理者何时如此专注于他们所担负的那些任务中的机构管理方面，这导致他们疏忽了对学与教核心工作的领导。

本报告重点关注学习领导力，尤其是有关创新型学习环境的领导力，但学习领导力仅靠创造性的、灵感性的、协作性的设计行为是难以实现的。它需要有能力在芜杂的日常生活现实中，继续将那些设计灵活地转化为实践并保持高瞻远瞩。这就需要对过程和人的管理。"学习管理"是对"学习领导力"的补充，本报告暗含了两者。

但是，它们要求同一个领导者能够很好地完成领导和管理两方面的事情，从而在领导者身上施加了很多期望和取向。John MacBeath（第3章）和Susanne Owen（第5章）都谈到了这一问题。MacBeath指出：

> 用Hampden-Turner（2007）的术语来说，对领导者而言，关键而有争论的问题是去理解和管理一个"两难空间"。这个"两难空间"发生在岩石和涡流之间……

岩石代表对一致性、可靠性、绩效、竞争和透明性的推崇，它和涡流所代表的对选择性、多元性、动态性、自发性和自主性的推崇相对立。

学习领导力不都是"涡流"，学习管理也不都是"岩石"。两者都有其价值，但两者之间可能会形成一种张力，而这种张力需要加以解决。Owen 也提出了一个类似的主张："创新领导力超越了常见的传统的以逻辑的演绎式推理和对/错结果为重的思维、策略变革和管理方法"（第 5 章）。它是为了强调学习领导力不仅包含了领导力的几种形态，也包含了学习管理，有助于对那些最积极的参与者施加要求。

面向强有力的创新型学习环境的学习领导力

我们对学习领导力进行深入分析始于新近出版的《创新型学习环境》（OECD，2013）：学习领导力将学习放置在所有改革和设计过程的中心位置——学生的学习是整个教育工作的核心，学生学习的核心是确保在任何环境中实现深度的 21 世纪学习。当这一焦点进一步缩小为"机构领导力"时，它就聚焦于处于学校教育教学核心位置的有效教学，而这仅仅是学习领导力的一部分。如果"学习领导力"被理解为为恢复传统的学习样态提供方向，那么它根本上就在本书所探讨的概念之外了。

学习领导力通常涉及适应性挑战，这需要超越领导者的现有知识库作出反应（Heifetz and Linsky，2002）。如上所述，它需要领导者具有创造性，突破常规来考虑问题，能够冒险将自己推出舒适区，尝试开发和实施新的设计，并鼓励他人也这样做（Stoll and Temperley，2009）。学习领导力重点关注学生的学习但又不仅如此。学习领导者认识到设计和开发创新型的学习环境需要每个人不断学习、忘记学习（unlearning）和再学习，因为所有参与者和参与伙伴的持续学习是创新型学习环境得以成功实施和维系的一个条件。

本报告的作者们是从"创新型学习环境"项目这一更广阔的视角提出了几个对"学习领导力"的描述。在 Jolonch、Martínez 和 Badia（第 6 章）看来，学习领导力是创新性的，是在变革的环境和努力打破现状的过程中发生的：

它源于几种领导力(教学领导力、组织领导力等)的交叉和集合,并让这些领导力延伸得更远。学习领导力持续不断地在学习者和共同体中传授学习,创造学习自主性并赋予权力。学习领导力的目标是发现一些可迁移的理论,包括变革管理理论,共享式、协作式和团队领导力策略,并发现能够提供学习的组织,这些组织拥有"价值—创造"链,能够"读取"并解释现实(诸如学校中的课堂,或课堂中的学校)。

因此他们都将"学习管理"的要素和"学习领导力"结合起来,并将它们看作是多个维度的("几种领导力")。通常这将需要学习共同体的所有成员而不仅仅是教育工作者在思想和实践上做出深刻转变。

Dimmock、Kwek 和 Toh 在第 4 章中提出了将学校转型为 21 世纪学习环境所需的领导力的三个典型特征:

以学习为中心,重视课程、教学和学习的领导地位;分布式领导,领导力赋权于教师并建设可用的人力资本;共同体网络化,从而得益于其他学校和其他共同体的资源。

他们认为,要将这种领导力付诸实践,并在一定规模上促进学校转型,仅靠零碎的修补是远远不够的:

在更加整体、策略性的视角下,以及在重点关注形成和支持创新型的 21 世纪学习环境的构成要素这一背景下,需要对领导力尤其是以学习为中心的领导力进行重新思考。把更广泛的构成设计过程本身的因素(特别是学习目的、学习目标、学习结果,换言之,学生为什么而学习?)与超越已有的 20 世纪组织模型对领导力的理解联系起来具有"战略意义"。

Tanja Westfall-Greiter 在第 5 章中提供了第三个例子,从整体观的视角和 21 世纪变革的境脉下对"学习领导力"进行概念建构。一方面，在奥地利"新中学"（*Neue Mittelschule*, New Middle Schools 或 NMS）项目中，选择这一名字来表达一种新的角色作用，是对"创新型学习环境"项目强调领导力即设计的示例——"学习设计者"（*Lerndesigners*）。此外，"学习设计者"资格的背后，是被认为对促进学习文化的变革非常重要并通过不同的学科和课业学习得以实现的"新中学之家"（NMS House）。它由六个发展性区域构成，它们通过对"创新型学习环境"项目提出的学习原则的回应，共同构建了"新中学之家"：学习心智，多样化，能力导向，"逆向设计"课程开发，差异化教学和评价（见第 5 章和图 5.2）。

不同的层面和场景

学习领导力活动因所涉及的系统层面和处于问题中心的特定学习境脉的不同而不同。因此需要有一个关于结构、政策和过程、课程、管理等的大图景的设计，正如 Dimmock 等在第 4 章中提出的，这涉及"转型过程的精心策划、实施、维系和推广"。但也有 Jim Spillane（第 2 章）所描述的关于"领导教学的实践"的具体设计和关于促进学生学习的其他策略的具体设计。这是由教师和其他教育领导者以及学校校长所实施的微观层面的设计。也有实践网络和实践共同体实施的中观层面的活动，这些实践网络和实践共同体在学习系统中发挥它们自有的领导力作用，需要它们自身特定形态的领导力。还有一些"混合式学习环境"（Zitterand Hoeve，2012）将截然不同的参与者和传统融合到它们自身特定的领导力挑战之中。另外还有非正式的项目，MacBeath 在第 3 章中对此进行了讨论。本章"谁"来实施学习领导力这一部分特别探讨了学习领导力的多层面和多场景的问题。

"如何"实施学习领导力

我们运用本报告各章节中非常清晰地涌现出的一些形塑了学习领导力实践的重要因素，来讨论"如何"实施学习领导力的问题。这些因素与上述"创新型学习环境"项目报告中提出的学习领导力和"形成性组织"（formative organisation）非常贴合，也和那份报告一样,同样重视在不同学习环境中创建网络和联结(OECD,2013)。

为学习提供方向感

本报告有几章提出了愿景、项目、路标及与之相伴的"里程碑"的重要性——这些都与为学习提供方向有关。以色列的 Dorit Tubin(第 5 章)将教育愿景描述为学习领导力的四个条件之一:

> ……为给当前令人不满意的学习状况提供一个"路线图",使其通向一个更好的前景。这个共同愿景应该能够吸引改革的合作者和追随者,并为其提供改革动力、改革方法和能够解释这种创新型学习改革重要性的教育叙事。共同愿景赋予"改进"、"学习"和"环境"等概念以意义,这些概念提供了潜在合作者能够理解并且能吸引他们的必要的环境和关联性。

Jolonch、Martinez 和 Badia(第 6 章)提到了"项目",虽然体现的形式不同,但这是加泰罗尼亚地区拥有示范性学习领导力实践的六个示范点的共同特征。

> 我们研究的所有这些学习环境都有一个特定的学校项目,这一项目被明确规划进一个参考文件中,作为一份指南说明该项目将会做什么,以及在必要时根据变化的环境做出必要变动。这一样本中的所有学校都清楚地意识到一个独特的教育项目正在实施,这将有助于学校获得持续的提升,并使学校的教育共同体作为一个整体而面临挑战。学习领导力取决于一个学校项目,而并不一定要为这所学校或为创建学习环境的人规划出必须要实现的特定目标。

Dimmock、Kwek 和 Toh(第 4 章)介绍并整合了"逆向规划方法论"的"学校设计模型",认为要从重点识别"将一所学校重新设计为 21 世纪学习环境的本质性的主要要素"开始进行逆向规划。从引导学习领导力这一愿景出发,仅仅理解机构如何转型还不够,还必须理解要实现的学习是什么样的。

第一章 创建创新型学习环境的学习领导力综述

将愿景转化为策略

不管愿景和项目有多么重要,它们都需要转化为设计的策略,而且那些策略必须得到实施。Tanja Westfall-Greiter(第 5 章)援引 Barth(2000)的一段话阐释了要支持一个理想是何其容易,而要将理想化为现实又是何其艰难:

> "我们的学校是一个学习者共同体!"多少次我们耳闻这样的话,现在在公立学校它又是多么盛行。事实上,这是一张难以兑现的期票。这一承诺意味着学校首先是一个"共同体",这个共同体拥有很多成年人和年轻人,他们彼此关心、珍视和支持,并为全体的利益而共同努力,他们有时相互帮助,有时相互祝贺。我发现只有少数弥足珍贵的学校履行了"共同体"的职责。其他很多学校仅仅只是组织或机构而已。既然"共同体"都难以保证,就更谈不上"学习者共同体"了。

因此,很多讨论都是围绕着实施以及成功实施的相关要素展开。Spillane 在第 2 章中谈到了"实作性"(performative)和"表面性"(ostensive)的重要性,即,为了将理想转化为现实,真正做了些什么。MacBeath 在第 3 章谈到教师和教师实践时将这一点描述为"实施"(enactment)的挑战。

> 正如 Joyce 和 Showers(2002)所说,让教师知道应该做什么是很容易的,但要让他们能够去做就要困难一些,而最难的是让他们将之融入到自己的日常实践中。Mary Kennedy(1999)把这一问题概括为"实施问题",即教师在将一些理论转化为有效的实践和一致性的行动时面临的困难,他们赞同这些理论,却难以把在理论上的看似正确与真实环境中的正确这两者之间建立起关联,转化为有效的实践和一致性的行动。

通常在应用研究发现时可能也会有这样的情况。在个体实践者那里以及在更大的学习共同体中,"知道"一个关于教和学的研究发现这一事实可能会被误认为就是知道了研究发现对特定境脉中的实践意味着什么,甚至被误认为是知道了如何将研究发现融入到实践中。这同样是学习领导力在将愿景转化为实施的过程中也会面对的大量挑战。

本报告还探讨了各种支持性的条件和因素。Owen（南澳大利亚）、Christiansen 和 Tronsmo（挪威）以及 Dimmock 及其同事们（第 4 章）指出了"积极"文化的培育问题，即培养尝试和承担风险的意愿，而不是只会怯懦不前或悲观沮丧。Susanne Owen（第 5 章）也提到了为了学习创新而去实验探索和"打破规则"的意愿，同样 MacBeath 在第 3 章中也提到了这一点（"将自己视为规则打破者的人，由他们的道德良心和他们所坚信的正义所驱使……完全知晓违抗政策命令的风险和结果"）。MacBeath 提出的五条"学习领导力原则"中的第二条指出，要将学习置于前面和中心的位置，需要一种能够培育每个人的学习的文化，这种文化给养了（affording）反映学习的本质、技能和过程的各种机会以及激发和迎接学习的各种物理空间和社会空间。Owen 还强调，确保愿景真正得到了分享，并对创新的特征具有共同认识是多么重要，其中合作式的（collegial）专业学习被认为具有根本性的意义（亦可参见本章关于专业学习部分）。

组织的策略和基础结构的变革

"创新型学习环境"项目框架认为，学习领导力首先是在由学习者、教育者、内容、资源这些核心要素构成的"教学核心"层面以及将这些要素整个连接起来的组织结构和动力学层面运行。《创新型学习环境》中概括的四个组织动力学机制是：如何超越"单一教师课堂"模式组织教师和教育者，如何组织学习者，如何运用学习时间，以及教学法和评价。

James Spillane 在第 2 章中对这些方面予以了大量关注。他强调要保持学习在组织中的核心位置并由此开展创新，要配置一系列组织性的、结构性的工具和设施，将领导力视为诊断和设计是非常重要的。（"思考这一社会结构的途径是将之作为领导教学实践的基础结构。"）通过组织常规来改变学习的条件不仅仅在 James Spillane 所写的第 2 章中得到了强调，也是 James Spillane 和 Lauren Resnick、Pam Goldman 以及 Elizabeth Rangel（Resnick et al., 2010）合作撰写的"创新型学习环境"项目早前的一份分析报告中的关注焦点。在那份报告中，他们重点分析了打破那些维持碎片式组织的舒适行为、支持高度的以学习为中心的、协作式常规的"核心常规"（kernel routines）的设计。正如 James Spillane 在第 2 章中所讨论的,将任何一个学习愿景转化为实践的核心挑战是,学校的组织结构通常都是如此常见并且建构良好,以至于看上去是长久不变和不可侵犯的,由此更阻碍了能够支持更强有力的学习环境的出现。组织常规自身可以看作是主要的问题,但是 Spillane 提出,阻碍专业学习和合作的不是这种常规的存在,而是根深蒂固的无形常规的存在:

> 组织常规是学校的重要产物,包括教师评估、教师招募、学校改进规划、年级组会议以及学生集会。组织常规在组织理论和学校改革文献中的口碑很差,常常因为在面对变革的努力时维持习惯和保持现状而受到指责。但是,组织常规对于组织行使职能,发起协调行动,减少组织工作中的冲突,以及在人事变动时维持连贯性方面是必不可少的。

因此,问题不是如何取消组织常规本身,而是要开展领导力的诊断工作,来厘清那些理所当然的常规是如何阻碍强有力的学习的,以及如何用诸如"核心常规"或那些在亚洲和美国的课例研究或学习研究背后的常规等其他更强有力的常规来取代它们(Cheng and Lo, 2013)。但是,这在很大程度上依赖于一些教师领导者的参与,它可能需要赋予正式领导者以合法的权威,积极地促进他们去呼吁结束那些长久存在但并非学习友好型的学校实践。

我们也许会希望这种组织会自然地发生,就像代际的更替,或像一组教师取代另一组教师。但这会低估了那些学校教育的已有常规和"语法"的回弹性(Cuban, 1995)。MacBeath 在第 3 章中也非常悲观地谈到了教师教育的转型力问题:"这么多年的问题是这些新教师是'局内人'(Hoy and Murphy, 2001),他们的教学观念源于他们自身的经验,因此他们回到学校踏上工作岗位时,对教学的记忆和先前概念通常没有受到高等教育或教师培训学院经验的影响。"因此,除了组织变革,对领导力而言,处理新教师在开始其职业生涯时所产生的对教与学应该是什么样的观念和理解这一问题也非常重要。一个更广泛的政策问题是如何确保教师教育发挥非常强有力的影响,去打破那些源自于职前教师早期的学校教育经验的假设和期待。

Spillane 还提出了将会对基础结构安排的阐释和实践产生影响的五个非常明晰的、得到正式界定的特征。这不是学习领导力所独有的,但它们指出了领导力可以由此平稳发展从而能够更明确地聚焦于学习的修正阻碍和失误的路径:

1. 锚定教学并与教学相一致,以及学校领导力的基础结构如何与教学相联结。
2. 认知充分性:指的是一个组织的基础结构足以描述和理解其自身,这种描述和理解的方式能够使它很容易地应用于不同情境(Stinchcombe, 2001, p. 18)。
3. 可传输性、可破坏性和可修正性:基础结构的表面性表征必须是可传输的,同时既能够被实践轻易改变,又能够和现实的实践保持步调一致。
4. 要使正式组织的基础结构能够影响实践,必须在任一构成要素(如一项特定的组织常规)内部以及各构成要素之间都保持一致性。
5. 学校组织的基础结构的权威性,即它为组织成员所带来的影响力,这种影响力在重新设计和变革之际特别相关。

Dimmock、Kwek 和 Toh 在第 4 章关注了一系列的组织维度和组织工具,它们和《创新型学习环境》(OECD, 2013)一书在探讨转型问题时提出的那些维度和工具非常接近:"组织结构尤其是教师编排、时间表和教室布局(包括物理空间、技术和设备的使用)方面受人欢迎的变革预示着新课程、新学习和新的教育实践的发生。"在"如何"实施学习领导力方面,他们走得更远,并提出了一个由五个核心特征为基础构建的完整的"学校设计模型"。

第一,该模型确定了一所学校要重新设计为 21 世纪学习环境的主要的基础要素。第二,该模型确认了要素间的相互关联性,即一个要素的变化需要与之功能相互关联的其他要素同时发生变化。第三,由于许多要素都是变化的,学校的变革过程必须要有一定的秩序和基本原理,从这种意义上,学校设计模型具有战略意义。第四,领导力是保证学校圆满地实现重新设计的关键力量。从根本上看,是学校设计的过程和新学习环境的本质促进了对已有预兆的新型领导力进行重新定义。第五,学校设计模型由一种叫做"逆向规划"的外显方法作为支撑。

作者以新加坡的两所学校为例,介绍了它们在这种设计框架下的转型路径。一方面它提供了一个分析工具,用来聚焦核心维度和更好地理解转型过程。从更实用性的方面看,他们提出该设计框架可以用于帮助实践者制定一个在概念上更清晰而在组织结构上更易管理的复杂的长期过程(而不是没有借助该设计模型而进行的碎片式创新),从而促进那些核心要素之间的联结。

专业学习

如何将设计过程转化为行动?重视教师以及重视领导力学习与专业发展是本书各章最为广泛认同的一点。广泛的教育者学习不是偶然发生的:它有赖于对最好的专业学习和领导力学习的认真投资。

关于有效的教师及领导者专业学习和发展的众多国际研究文献和评论(如,Timperley et al.,2008;Darling-Hammond et al.,2009;Dempster, Lovett and Flückiger,2011;Huber,2010,2011)大多讨论的是课堂和学校环境,并日益关注对学生学习结果的影响因素。显然,相关的学习环境越是涉及非学校场景,这一证据基础就越是需要加以拓宽,随着对领导者自身转型很可能是变革的不可或缺部分这一认识的逐渐深入,对领导者需要利用他们自身的影响力的反思也将越来越深入(Robertson,2013)。拓宽关注焦点的途径是关注应用于很多不同境脉的并得到认可的成人学习原则。这些原则已经开始成为最近一些专业和领导力学习项目的基础,它们为实践的探索和项目提供了机会,凸显了混合理论和实践以及从经验和反馈中学习的重要性。

即使是在我们这本篇幅不长的报告中,也有很多与专业学习相关的案例,第5章中就有几个。在 Susanne Owen 介绍的南澳大利亚项目中,那些创新示范点的一个特征是在学校/幼儿园的领导者提供专业学习时间和/或资金的支持下,对这些专业学习团队的所有成员进行领导力技能的培育。Roser Salavert 在第5章中提出,领导力指导(coaching)是今天大多数颇具成就的组织的一个特征。她以纽约哈林区的一所学校为例,介绍了这所学校的校长是如何在教练的指导下,引导教职员工发展共享的愿景,构建严肃和协作的文化条件,并有效地实施分布式领导。在奥地利"学习设计者"

（Lerndesigners）案例中，他们自己去发现学校和学习共同体的其他成员的学习需求，项目组织和实施的专业学习是它的一个显著特征。该项目形成了一份完整的"学习工作坊"（Lernatelier）的课程和事件日历，并有一个促进观念和创新的沟通与交流的在线平台作为支持。

挪威在2006年"PISA震撼"后开始了全国性的改革，2008年开始启动挪威国家领导力培训和发展项目。该项目面向所有新入职的中小学校长。培训中的一个重点是那些管理良好、目标导向的学校，它覆盖了五个主要领域：1)学习结果和学习环境；2)管理和行政；3)协作、组织发展和教师管理；4)发展与变革；5)领导力的角色与作用。其中第一点被认为是最重要的。目前，这一领导力发展项目已经受到了积极的评价，可能会转变人们对于领导力和能力发展的态度。

Jolonch、Martinez和Badia（第6章）在西班牙加泰罗尼亚选出的六个用来研究学习领导力的示范性项目中，发现了这些项目都对专业发展一直有着较高的兴趣。这种兴趣发展为在共享学习领导力的场所进行持久学习的愿望，而这种愿望是实施领导力和在更大范围内推动项目所不可或缺的。不仅如此，

从与更多参与者分享领导力的实践中产生的学习愿望为能力培养创造了条件，同时也展现出一个对更广泛的教育系统有益的创新和研究视界。

Dimmock、Kwek和Toh在第4章介绍的是新加坡的项目，但他们认为这一框架和维度可以进行广泛的应用，以学习为中心的领导者将教与学置于其领导的核心位置，而这需要领导者进行持续不断的学习。在采纳创新的课程、教学和评价实践，以及在构建与同事们的紧密的专业关系和沟通方式时，领导者需要掌握如何进行领导的知识、技能和处理方式。学习是不可或缺的，一则为了使改进学习的策略愿景更加清晰，二则为了解决变革实施的协调问题和组织运作问题。

探究、自我评估与研究

在学习环境中，那种共同推进的知识构建意味着理解学习的进程，为了给设计和再设计的循环提供反馈而识别努力方向和实施途径，它在ILE框架中占据着中心地

位。Elmore(2008)也进行了一个精彩的分析,提出需要在学校中发展和发布知识与技能的策略,认为这是任何一个严肃改进或创新的根本。MacBeath 在第 3 章中提出将提升性对话(promoting dialogue)作为五个"学习领导力原则"之一:同事间的对话有助于将缄默知识(知道但不能清晰表达的知识)转变为外显知识,其中涉及的社会过程也有助于创建新的共享式知识(Nonaka and Takeuchi,1995)——如若这样,就是创新型学习环境设计。对话对于创建和维系一种积极的、合作的学习探究文化是根本性的,领导力实践在对话中得以外显出来,并能够对它进行讨论和促进它的迁移。

Roser Salavert 在第 5 章中介绍了一个与领导力实践和策略实施直接相关的探究和评估案例:

> 在纽约市的公办学校中实行的协作式教师团队(Collaborative Teacher Team)的探究模型是对通过领导力发展促进学校改进(School Improvement through Leadership Development)的支架式学徒制模式(Scaffolded Apprenticeship Model,SAM)的调整(Talbert and Scharff,2008)。这种模式背后的改革理论主张,在一个复杂的组织中要拓展学生的成功必须要"聚焦(stay small)"。即教师团队通过系统的创造性的工作提高目标学生群体的成绩。老师们学会在仔细审视教学实践及其与目标学生的需求之间是否协调一致时,对来自不同渠道的数据进行分析和三角验证。他们一起推动实施对他们的目标学生起作用的策略,并且评估这些策略对实现学年终期学习目标的影响。之后,这些教师团队的成果会影响学校的教学和/或组织实践,从而为创新型学习环境和推动一种基于证据的学生成就的学校文化创造条件。

第 5 章中介绍的不列颠哥伦比亚项目中,核心概念是"探究式螺旋"(另可参见 Halbert and Kaser,2013),其中探究也处于非常重要的位置。该项目中的教育者以一种训练有素的方式参与到协作探究中,这种探究的设计旨在帮助他们获得从事强有力的新型学习环境设计(事实上是促使其学校和系统转型)所必需的自信、视野和思维模式(第 5 章)。值得进一步说明的是"查看过程"(scanning process)。这一过程面向各个学校环境,它的设计是为了超越源于满意度调查的已有成绩数据或结果,来获得对学习者经验的深刻理解。查看过程也就是围绕 ILE 七大学习原则的实施而提出一些问题,例如:

- 学习者是否把自己看作是学习者?他们能否自我监管?他们的元认知策略是否在提高?
- 学习者是否能看到并理解不同内容领域间的关联?
- 研究学习的专业人士是否能感受到学习者的情感,以及情感和动力之间的联系?
- 学习者能否得到清楚指明其提高方向的高质量的聚焦式的反馈?
- 在给予同伴和收到同伴基于共同构建标准的反馈时,学习者是否自信并感到舒适?
- 是否所有的学习者都通过高要求的、参与性的、挑战性的学习都得到了充分锻炼?
- 学习者是否经常参与高质量的、组织良好的、合作式的学习?
- 学习者带入到学习场景中的先前知识是否得到了尊重和认可?
- 学校做出的每一个决策是否都以学习者为中心?

领导者承担着确保所有教师都对自身的教学实践开展研究和评估的责任。教育者和学习环境中的其他成员为了研究和搜集改进后的新教学实践及其实施的证据而共享认识、共同工作。当把着力点从缄默知识转移到同伴学习以及促进教师围绕采纳证据益知的实践(evidence-informed practices)而开展共享式决策上时,整个学习环境就能够协同增效了。

通过学习共同体培养能力

在各章中都反复出现的一个主题是创建共同体的重要性,并将创建共同体视为学习领导力的一个中介,也将其看作使学习领导力更有效的一种手段。这里的重点不是让共同体成员通过归属感的建立而拥有更积极的自我感受(尽管这可能是一个很好的副产品且有助于增强积极的教育效益),而是将创建共同体作为一种手段,来分享学习环境中涌现的策略和愿景,并通过分享发展恰当的专长。用 Andy Hargreaves 和 Michael Fullan 的话来说,创建共同体对个体和对团队而言都是需要的,但团队工作应该需要"社会资本胜过人力资本"(Hargreaves and Fullan,2012)。

因此,学习领导力既和创建共同体有关(涉及学习领导力是"什么"),又和通过这种创建的共同体实施学习领导力有关(涉及"如何"实施学习领导力,也涉及"谁"来实施学习领导力,因为共同体通常由人组建而成)。MacBeath(第3章)提出的学习领导力原则包含了共同体的创建和维系,他指出,"学习领导力的实践涉及领导力的分享,在这种分享中,组织的结构和程序支持了参与"。他援引了 Pasi Sahlberg 关于芬兰教育成功(2011)的讨论,Sahlberg 在这一讨论中指出,教师集体及其愿意共同解决和转变实践的关键在于:

> 最好的教育系统都将它们的变革策略建立在系统方法的基础上,这些系统性的方法依赖于集体的专业发展和制度(或社会资本)发展,面向所有人的教与学的条件的改善,以及在其教育系统中更加公平的教育机会。

MacBeath 认为,这种协作式的氛围可以延展为一种"共享的责任感",正如 Elmore(OECD,2008)所说的"内在责任感"和集体责任感,这是专业学习共同体(professional learning communities,PLCs)的核心(Stoll et al.,2006)。因此,"如何"实施学习领导力很重要的一点就是创建学习共同体,这体现了执行良好的学习领导力所拥有的分布式本质,也是达成强有力的、动态的、创新的学习环境的一种手段。学习领导力通过专业学习共同体的参与发展着,生长着,维系着:它是一种团队努力,依赖于谨慎规划的用以加深、拓宽和维系学习的协作活动。这也反映了以对学生学习的社会本质认识为基础的 ILE 原则,这种对学习的社会本质的认识积极鼓励团队合作和组织良好的合作学习(Dumont,Istance and Benavides,2010)。

建构更大的共同体和网络

视野更广阔的学习领导者会从小处入手,但会从大处着眼。他们希望自己的愿景和承诺将最终为多种境脉中的众多教育者所共享。他们为了加深自己对创新型学习环境的所有要素的理解而贡献力量和努力(Hargreaves and Fink,2000)。他们是Hopkins(OECD,2008b)所说的"系统领导者",超越自己所在学校的层面构建共同体,发挥协同增效的效应。本报告中,我们关注"领导力"而甚于"领导",目的就是为了避免将这种职能个人化,并避免将它们与个体以及那些处于特定职位的人紧密关联。要使更大范围的领导力能够跨过甚至超越诸如部长或者重要主管等领导者所提供的领导力而发挥作用,一个重要的中介工具就是网络式的专业共同体。

虽然"专业学习共同体"通常指一所学校中的教育者团队或全体教职员工,而"网络"则用来指位于不同学校的教师或领导者,但这两个术语通常是可交替使用的。"专业学习共同体"和"网络"是通过信任关系和结构的粘合,将愿景、探究和其他协作学习形态、分布式领导全都汇集到一起的手段。它们搜集获取研究证据,发展新的知识和实践,并将之分享到共同体或网络中,借此将众多教育者联结到一起。领导力及其效益的流动是双向的——一方面是从更广泛的共同体进入到某一个学习环境中,另一方面是从不同的学习环境外扩到整个学习系统中。

有几章的作者既介绍了一般性的案例,又阐释了它如何付诸实践。Dimmock、Kwek和Toh在第4章中,在分析"促进学校向21世纪学习环境转型"的领导力典型特征时,不仅认为它应该是以学习为中心并且是分布式的,而且认为它应该是"网络式的共同体,由此可从其他学校和共同体中获益"。Dorit Tubin(第5章)提出,"要进行持续的大规模的创新型学习改革,其体系内需要一个学习网络,这个学习网络由学习型领导促成,为系统层面上的参与者提供关于正在发生的改革的相关信息。"因此不管起点是使单个的学习环境获益,还是使创新型学习改革获得成功,强健的中观层面的网络式实践共同体的重要性是不言而喻的,并应该共同构成一个系统层面上的彼此交织、相互联系的基础结构。

无论是否运用了实践共同体这一术语,这几章还提供了一些更具体的阐释。不列颠哥伦比亚CIEL项目的毕业生(Halbert and Kaser,第5章)同样能够:"通过持续参与'探究与创新'网络来拓展学习和加强联系。这种分层式的网络学习机会帮助他们保持并拓展其领导力的影响。"南澳大利亚的Owen在第5章中概括了系统层面上的网络式变革的优势:"通过持续进行的拓展性的改革实践共同体,参与改革的各学校机构的领导者及共同体就能够利用其经验和影响,去互相合作以构筑未来的发展方向,并确保改革后的新部门把创新作为它的主要工作。"第 6 章则详细描述了西班牙加泰罗尼亚项目在研究以及国际专家的支持下,如何精心构建了一个系统层面上的利益相关者共同体。

James Spillane 在第 2 章中提出,需要超越学校或学习环境的层面去看待更大的共同体和网络构建的问题。他还发现至少在美国,"系统层面上支持课堂教学的基础结构是碎片式的、毫无创意的"。如果将受到普遍提倡的学校自主误解为学校隔离,那么就会加剧中观和宏观层面上社会资本和人力资本不足的问题。当目标是构建更大的实践共同体和系统层面的基础结构时,不同学习环境的网络式联结或促进这种基础结构的建设和维系的政策支持都会为此提供动力。

对于上述这种政策支持,Tanja Westfall-Greiter 在第 5 章用教育部对"学习设计者"的支持来进行阐释。教育部提供的这一支持是通过全国资格和能力培养来获得必需的身份和技能,以及通过提供资金支持和能将全国范围内的"学习设计者"聚集到一起的"学习工作坊"的自愿组织来实现。Tubin 和 Owen 都谈到了各自在系统层面上对以色列和南澳大利亚创新学校网络的识别和支持。南澳大利亚教育部在奥地利和以色列的案例中指出:"南澳大利亚公立教育系统中参与创新改革的学校的工作还得到了教育与儿童发展部中心办公室一个小组的帮助。"

Roser Salavert 将十年前纽约市学校提出的"要求校长必须选择加入一个网络"看作是一个"重要的组织性的突破"。同样有趣的是,它提出了参与的规定性和自愿性本质之间的平衡问题。有一个关于系统层面上的领导力的案例很有趣:几位作者在其项目中坚持自愿性这一本质(如挪威的"咨询团队"项目),却要求领导者参与更大的实践共同体(不顾参与的"自愿性")。

最后,Dorit Tubin 在第 5 章明确提出了提升领导力和在系统层面实施影响力的条件:

> 我们可以把学习领导力理解为为了实现改进课堂内外学习环境这一共同目

标的能力。这个定义包含了学习领导力大获成功所需条件的四大要素：1）社会地位；2）选择共同目标和发展愿景的能力；3）影响他人和创建结构的能力；4）评价和提供反馈的能力。

这一观点与我们的定义相比，更多地强调了围绕共同目标进行的改进，但却提出了关于影响力本质的社会学理解，很好地识别出了系统层面上领导力实施的条件。

"谁"来实施学习领导力

一谈到谁在学校和教育领域中进行领导这一问题，我们马上就会陷入到一个富有争议的领域。我们在本书中已经特别强调更多关注领导力而非领导者。大量文献指出，领导力并不依赖于通常是学校校长这样的正式的领导职位，但领导力可能或者应该是由更大范围的有影响的参与者通过分布式的方式来实施的。但尽管领导力的确并不依赖于正式职位，但这不仅仅是因为还有其他参与者涉及其中，还因为正式职位并不是领导力得以实施的保障。

领导力是为了使其本身得以实施而指出方向并承担责任，这是那些掌权者可能会也可能不会执行的责任和任务。OECD 此前的研究（如 OECD，2008a）以及 Spillane 在第 2 章中提醒我们：由于教育系统之间的差异是巨大的，特别是各特定的角色位置有着各自的期待，因此我们可能首先关注到的相同的正式职位（如学校校长）最终会根据场景和系统的不同，而转变成实践中的各种不同的职位。

即便是在共享着相似文化和传统的系统中，有些占据特定当权位置的人也许会选择去实施领导力而有些人则会回避这一任务。MacBeath（第 3 章）介绍了他和同事们早前在苏格兰的一项研究中发现的一种领导力形态，用来阐释正式的领导职位并没有和该职位的领导力如何在实践中得以实施之间形成自动匹配。MacBeath 等（2009）提出的五种领导力类型是："忠诚顺从"、"谨慎实际"、"低调自信"、"高度专断"以及自认为的"挑战性风险承担者"。从界定上看，"忠诚顺从"将不会提供积极的领导力。MacBeath 援引外显领导力和内隐领导力之间的区别，对此进行了分析：

第一章 创建创新型学习环境的学习领导力综述

领导力在学校层级制度中可能是完全可见的,或者也可能不那么容易被察觉,因为它是散布式的,更多体现为共享的努力而不是机构的权威职位,由那些独自或共同对下属承担责任的领导者自发地制定。外显领导力和内隐领导力两种形态通常存在于一种张力之中,它们由结构的规则所规定,或者通过学校共同体成员所参与的活动流程表达出来。

假设正式的领导职位和领导力的实施之间存在任何简单对应关系都是冒险的,一方面因为位于相同正式的权力职位的人实施领导力的方式会截然不同,另一方面也因为领导力从不附属于某个单独的个体名下,它通常是在一定程度上分布的。

这样看来,比较好的做法是将我们项目的聚焦点回归到学习环境上来。采用学习环境这一视角和术语的重要理由是,以学习的本质和学习组织为准确的起点,而不是以学习发生的机构为起点。当然,这两方面都是重要的,但是起点是决定问题和解决方案构建的关键因素。借用 Spillane(第 2 章)的术语,我们重点关注发生在"学校机构"(school house)中的核心活动而非"学校机构"自身。

以此为起点的话,很明显,正式的机构职位自身就不足以理解学习领导力了。让谁对学习的决策发挥影响,而不是依靠机构中职位的安排——尽管这可能也很重要(参见下文),就变成了一个经验问题。正如在讨论"谁"来实施学习领导力时谈到的,Spillane 的观点是必须把领导力看作是交互关系中的人,而不仅仅是这些人的个体行动,此外还必须超越占据特定职位的个体领导者。我们赞同 Elmore(2008)的观点,这一进程带来了更复杂的但很少为正式的领导角色所界定的领导力形态。创新型学习环境中日益增强的组织复杂性拓展了努力的范围和参与者的范围,表明了领导力形态的复杂性也在日益增强。

因此,在这一部分我们可以看到各章所持有的谁来参与学习领导的各种视角,首先从学校开始,但是又延伸和关注到学校之外,两者既和不同的合作伙伴和参与者有关(学习领导力的"宽度"),又和系统运作的层面有关(学习领导力的"深度")。

校长和学校高层管理者

James Spillane 因其分布式领导力的研究而在国际上广为人知,在第 2 章中,他试图纠正一种误解,即,要接受分布式领导力的重要性就必须在某种程度上减少校长和学校高层管理者的作用。他指出:

> ……"英雄领导范式"……受到了挑战(Yukl, 1999),我们转而开始寻求对领导责任和领导工作在实践中是如何分布在多元个体身上的理解。这一认识,和关于分布式领导的通常论述不同,它绝不否认校长在学校领导中的重要作用。事实上,分布式观点下的实证研究(而不是书斋式的理论研究)一直强调学校校长的关键作用(Camburn, Rowan and Taylor, 2003;Spillane and Diamond, 2007)。

除领导力学习策略自身之外,还有很多基于学校的案例都清晰地表明,即便学习领导力努力的核心是教师领导者,但校长的学习领导力仍然是基础性的,它提供了许可和空间,并把更广泛的团队召集在一起。本书各章都反复提到了这一点:

> 尽管我们也承认领导力的分布式本质和协作式领导,它基于团队本身成员的参与或基于更大范围的协调性团队的创建,但在每个案例中,管理团队是另一个发挥着关键作用的核心要素。在很多案例中,管理团队为某一周期或与某一项目相关的教学小组中的领导力的形成创造了条件。(Jolonch, Martinez and Badia;第 6 章)

> 领导力的分布让学校高层领导,尤其是校长,肩负了更多的责任。他们要精心安排并保证学校范围内政策和领导实施过程的协调性、连贯性和一致性。更加扁平的管理结构使校长和高层领导与课堂中的教师的职能关系更加紧密。(Dimmock, Kwek and Toh;第 4 章)

> 不能高估学校领导者在支持专业学习团队中的作用。教师在团队中共同工

作,关注特定的学生小组,为他人的学习分担领导和责任,就需要来自领导者的支持。领导者不仅要为专业学习的发生提供时间和资金支持,还要为把团队建设成为"成员间可以挑战彼此工作级别的成熟组织"提供支持。(Owen,2012:领导者访谈 3)(Owen;第 5 章)

正如上文所讨论的,作为"如何"实施学习领导力的一部分,共同体的创建通常主要依赖于校长和高层管理者的活动和许可。

因此,通过占据一个正式的领导岗位,来实施由此带来的潜在机会,这说明"校长是重要的"。认为"职位决定一切"跟认为"职位并不意味着什么"一样,两者都是不合理的。我们看到,Spillane 赞成校长的关键作用;Dorit Tubin 在分析实施学习领导力的条件时(第 5 章),认为它包括"社会地位"和"影响他人和创建一种结构的能力",不管是在什么样的系统中,拥有一个正式的权力职位可以促进(但并不确保)这两者的实现。但是,Jolonch、Martinez 和 Badia(第 6 章)警示了"完全或过度依赖一小部分人"的危险,特别是当它意味着在组织内由于缺乏充分的基础或领导力的散播,从而危及中长期领导力实施的连续性和可持续性。

分布式领导力的分布

Spillane 在第 2 章中通过描述"分布式"是什么来探讨在美国,有谁和有多少人参与了学校中的领导工作。即便是在小学,参与领导的人数也是很多的,而在更加复杂的面向中学水平的学习者的学习环境中,可能会有更多的积极的领导者:

例如,根据一项针对不同地区 100 多所小学的研究表明,领导力的职能发挥分布在领导者团队之中,一般包括校长、副校长和教练在内的 3 至 7 人。而且,校长通常承担着所有层面的领导工作,而教练和其他专家往往聚焦于领导教学工作(Camburn, Rowan and Taylor, 2003)。另一项针对某城区学区所有 30 多所小学的研究发现,包含学校校长在内,每所学校正式的全职领导者的平均人数为 3.5 人(Spillane and Healey, 2010; Spillane, Healey and Kim, 2010)。如果考虑哪些人承担课堂教学职责，哪些人承担领导力职责，那么这一数目会显著增加。……领导力在不同个体间的分布方式事实上是由各种因素决定的，例如领导力职能或常规的类型（Camburn, Rowan and Taylor, 2003; Heller and Firestone, 1995）、学科内容（Spillane, 2005）、学校规模（Camburn, Rowan and Taylor., 2003）、学校类型（Portin et al., 2003），以及学校领导团队是否为新建团队（Copland, 2003; Harris, 2002）。

许多参与分布式领导的是教师领导者。不管是正式的还是非正式的，教师领导通常是由提升学校的教与学质量并支持同事发展的专长教师实施的（York-Barr and Duke, 2004）。奥地利的 Tanja Westfall-Greiter（第5章）描述了基于通过变革提升学习的视角而创建的教师领导者一系列的特定角色。奥地利的"学习设计者"项目所采用的话语完全与"创新型学习环境"项目相一致；"学习设计者"是从已有的教师中选拔出来的：

"学习设计者"是在与公平和卓越这些改革目标相关联的课程与教学开发领域具有特定专长的教师领导者。在每所"新中学"试点学校，都有一名教师被任命为"学习设计者"，参加国家和地区的"学习工作坊"（Lernateliers）以及当地的网络活动。理想状况下，他们作为改革的代理与校长和其他教师领导者（学科负责人，学校发展小组等）在一个共享的领导动态关系中开展行动。

特别是在变革初期，有很多关于新角色是什么的问题。不管怎样，这不是一个写在学校立法里并有相应的薪资结构的官方职能，所以"学习设计者"与他们的同事一起在各自的境脉中构建他或她自己的角色。这阐释了学习领导力"浮现"（emergent）和"共生"（co-produced）的特性（Spillane，第2章）。这些明确的、新设的变革代理是奥地利改革特有的内驱力，识别出对这些变革代理的需求反过来又和"谁"来实施学习领导力关联在一起。

Christiansen 和 Tronsmo（第5章）介绍的挪威案例在设立变革代理这一特定角色

方面与奥地利的案例有相似之处。在该项目中,教师是经过特别挑选的,工作的本质是自愿的、多元的并依赖于当地环境,同时也属于精心制定的为提升质量而革新的政策策略的一部分。但是两个案例绝不是完全相同的:挪威的顾问团队(Advisory Team)招募的人员主要来自接受行政部门和学校高层领导者/管理者的直接指导的群体。他们的角色是一种指导,例如识别发展需求,规划发展项目,提供付诸实践的指导。

有很多支持分布式领导力的论点,它们甚至在相对传统的学校里也被广为接受,更不用说更复杂和更富于创新的学习环境中了。但本部分的目的不是重复这些论点,而是来解释在实践中支持分布式领导力对"谁"来实施学习领导力这一问题的具体意义。显然,这里不是要做一个关于参与分布式领导的不同参与者的评论或是综述,而主要是整合利用本报告提供的这些资源。下一部分("在哪里"实施学习领导力)也是这样,在那一部分我们探讨了一个普遍假设,即以学校为中心建立学习领导力实施的场景和参与者。这种场景越是得到拓展,不同的参与者越是得以介入并作为学习环境创新延展的一部分,分布式学习领导力的人员列表也就越复杂和多样。

学习领导力中的学生

一所以学习为中心的学校会试图让它所有的人员都介入进来,包括它的学生(Salavert,第5章,参引 Leithwood, et al. , 2004)。如果"学习共同体"将学习首先而且最重要的面向对象——年轻人——排除在外的话,那么这一概念就会有令人奇怪的缺失。Salavert自己有着引导校长建立学术咨询会、学生理事会以及其他形式的学生自治的经验,她提出,学生对一个正式角色的影响力不可小觑。随着学生积极参与到改进学习的策略之中,学生维系有效的学习环境的能力得以展示,促进了学生为自己的学习负责。

同样,在西班牙加泰罗尼亚项目(第6章)的所有创新点中,非常明确的一点是学习者需要对他们的学习承担领导职责,并通过促进小组参与和团队合作为集体学习提供帮助,这种小组参与和团队合作通常由学习者作为一个团队所提出的问题或项目而形成的。MacBeath(第3章)认为,注意学生的"声音"已经成为很多国家最近十年来一个日益明显的特征。他提到了新西兰的例子,在那里学生被认为在学校质量评估中发挥着关键作用，教师还教会学生用来讨论教学法和什么是好学习的技能与话语。

在第 3 章的后半部分，MacBeath 在讨论依赖于年轻人积极参与的非正式项目时，回到了年轻学习者实施领导力的作用这个话题上。例如，他在讨论"儿童大学"（Children's University）时说道："随着学生的参与和贡献持续增加，他们开始在形成关于未来活动的想法方面发挥更加积极主动的作用，并在承担领导力方面产生了更大的信心。"

应该从与他人共享领导力的分布式视角来理解对年轻人为他们的学习而承担领导职责这一要求。简单地为学生创造机会或简单地将责任交付给学生，从而让他们自己做出所有相关的选择并从中获益——这是更极端地提倡非正式的支持（provision）——事实上是免除了领导体系中所有其他人应该承担的职责。"创新型学习环境"项目非常小心地避免这种观点，而是提出，由专业工作者实施有力的领导和设计职责的学习环境通常包括教育工作者，他们应该应用学习的原则。尽管 MacBeath 提倡学习者领导力，但也在结论中提到了类似的观点："儿童和年轻人越是承担起对他们自身学习的控制，教师和教师领导者就越是需要更多的教育学视野和适应性。"

年轻人在学习领导力中发挥的积极作用并不意味着减少重要他人所发挥的作用，而是意味着那些领导者和教育者承担着更高要求的专业性和领导职责。

不同层面的学习领导力

学习领导力并不只限于微观学习环境中的即时参与者。要为学习领导力和实践中创新的涌现创设条件还需要在其他层面上实施领导力。当然，有时个别学校和学习共同体也许能够"单枪匹马"，但这很难成为在一定范围内驱动和维系深度的学习变革的菜单。需要一些来自其他层面的其他参与者的贡献，尤其是（但不仅仅是）来自正式教育体系中最高层的领导者。

他人实施的学习领导力不能由职位或正式权力来界定，这一点比在学校内实施领导力更甚。在一些环境和系统中，权力中心在学习上实施的领导极少，更多的权力交给了更接近学生和课堂的参与者和利益相关者。这种领导力是通过审慎地发展用于维系优质学习、课程指南、问责系统和资助的奖惩制度的能力来得以实施的，也可能涉及旨在促进创新型学习环境的特定创新举措。Spillane 在第 2 章中特别是在谈到教学作为最能够影响学习所发生的实践时提出了一个概括性的观点：

> 教师和她的学生们共同生成了教学，但驱动或限制他们教学实践的安排却在即时的课堂之外(Cohen, 2011)。课堂所处的特定学校，该地区的、该州的以及国家层面的教育管理安排，以及教育部门一系列的其他代表（如，教材出版商、教师培养项目和考试机构）对于理解面向教学的领导力都是关键性的因素。

这里有必要回顾一下创新型学习环境这一聚焦点和关于"什么是"学习领导力的讨论：我们的兴趣不是那些坚持"回到基础"(back to basics)这一议程的官员们，或在其运行教育系统的问责标准中很少关注青年人在当今世界所需的知识和能力的教育代表们提供的学习领导力。相反，我们的兴趣所在是为促进深度学习、发展 21 世纪能力、应用 OECD《学习的本质》(*The Nature of Learning*) (Dumont, Istance and Benavides, 2010)一书提出的学习原则来指引方向和创设条件的学习系统中其他层面上所涌现的领导力。

因此更广泛的学习领导力有两个方面需要得到重视。首先，对于仅仅局限于某个（学校）层面以及仅仅经由正式领导者实施的领导力而言，学习系统真是太复杂了。其次，我们所要解决的是在强有力的创新学习这一当代进程中实施的领导力，而不是其他任何学习进程，当然更不是那些声称要回到一个世纪之前的传统进程。

正如在"如何"实施学习领导力部分所说的，本书有几章明确地提出了从教育系统的更高层面实施的系统学习领导力的类型。第 5 章和第 6 章中关于奥地利、加泰罗尼亚、纽约市、挪威和南澳大利亚的项目都探讨了系统层面上领导者和代理者在为创新型学习的创新举措设置议程、创设条件、提供支持方面的作用。有几个案例（奥地利、以色列）提到了处于高层领导位置的个体（部长、教育系统的高层管理者）提供的领导力。Tubin 指出："不过，公立教育系统作为官僚机构，往往只有很少几个高层主管，高层的革新者就更少了。因此，通常是一个人，有时和一个小型的领导团队，来发起和领导这种改革。"但是，正如在学校中一样，有必要警惕个人化的"英雄领导范式"，并认识到包括部级的专家团队（例如第5章中奥地利、以色列和南澳大利亚项目中提到的）在内的其他人也要参与其中。

本部分还涉及另外两个方面。首先，在实施学习领导力时，宏观系统层面和中观网络层面之间的差别不是那么泾渭分明的。有一个策略是创建网络或学习共同体，这个网络或共同体自身作为其系统领导力实施的一个运作工具，也就是创建上是宏观性的，运作上是中观性的，远景上是系统性的。奥地利的"新中学"或南澳大利亚的创新型实践共同体（第5章）都是这样的例子。第6章介绍的西班牙加泰罗尼亚的创新举措是另外一个令人印象深刻的例子，它创建了中观层面的利益相关代表者网络，但却试图在系统层面上影响实践。

这里涉及的第二个相关方面可以用加泰罗尼亚的案例来阐释。这一开发和研究领导力创新举措中的领导是一个基金会（豪梅·波菲尔基金会），它不是正式的教育权威机构。因此，不仅是学习环境包含着常规教育系统之外的组织和参与者，学习系统也包括这样的参与者，他们也许会发挥重要的领导和支持作用。这不是最近才有的一个现象：OECD教育研究与创新中心（OECD/CERI）"面向明日的学校教育"项目关于创新网络的研究已经在十年前发现并探讨了几个相关案例。

OECD"创新型学习环境"项目对学习领导力的贡献

本报告中讨论的项目提供了几个关于OECD的创新型学习环境项目是如何通过激发、支持地区性的活动并使其合法化，从而对学习领导力做出贡献的直接例子。"创新型学习环境"项目在学习领导力中发挥着它自身的有利作用。

加拿大不列颠哥伦比亚的CIEL项目是一个面向正式和非正式领导者的一年期研究生项目（第5章）。加拿大和国际研究者的观点都聚焦于课程，并运用OECD报告《学习的本质：用研究激发实践》（*The Nature of Learning：Using Research to Inspire Practice*）（Dumont，Istance and Benavides，2010）作为对教育领导者开展深度研究的基础。

《学习的本质》中的七条总结性的学习原则是CIEL领导力项目中的一套认知工具。CIEL课程的参与者对该研究进行分析，探究每一项原则，探索如何在所在学校应用这七项原则,并将他们的探索结果在最终的汇报展示中呈现给同事们。此外,对领导行为的转换极为重要的一点是——参与者亲身体验七项学习原则,这是 CIEL 项目为学员精心设计的。

CIEL 项目还呼吁对 OECD/ILE"库存"(Inventory)中的案例研究(参见 OECD,2013)进行探究,从而基于世界其他地区的经验,促进新的思维和行动。这是国际学习项目为特定学校教育系统的领导力发展提供启示和启动材料的一个例子。

在 OECD 的"创新型学习环境"项目中,南澳大利亚有一个参与网络(第 5 章),它围绕着 ILE 这一国际项目选出一些学习环境,建立了一个国家性的创新实践共同体,但现在它的存在已经超出了最初的设定。

> 2011 年,南澳大利亚教育与儿童发展部的 7 所学校、幼儿园和早教学习中心已经达到重大改革的标准,被纳入到 OECD 的"创新型学习环境"(ILE)项目。另外还有 8 所教育机构被教育与儿童发展部认定为正在进行重大改革。现在,这 15 所教育机构已经得到认可并在全国创新实践共同体内进行运作……成为实践共同体中系统改革的一部分有很多益处,而且与 OECD 创新工作之间建立联系的重要性也得到了认可。

在引发关于学习领导力的本研究和报告的工作中,有一个很有意义的例子,那就是与西班牙豪梅·波菲尔基金会的协作,这也体现了本书介绍的 ILE 国际项目的影响。第 6 章对此进行了详细介绍。它具体阐述了在学习领导力研究项目的共同支持下,在基金会的激励和领导下,多个利益相关者的伙伴关系是如何建立的。OECD 的介入和协作使得国际性的框架和专长得以实现,并同时提供了合法性和启发。这一例证本质上涉及包括了本地参与者和国家参与者在内的较高层面的实践共同体的创建,并得到了像教师教育那样来自研究、研讨会和反馈提供的支持。好处是双向的:该案例带来了国际层面的发展,国际项目反哺了区域层面和当地层面的发展,两者一样受益。

当然，随着本报告的出版，我们希望这种影响能够继续在国际上更加广泛地散播开去。

"在哪里"实施学习领导力

在"谁"来实施学习领导力和"在哪里"实施学习领导力之间存在着明显的交叠。上面我们讨论到不同层面的不同参与者是学习领导力一个不可分割的一部分，这一点在本部分也许同样适用。将不同参与者、不同层面和不同地点组合起来，构成了一个关于学习领导力的复杂的多层结构。例如，Halbert 和 Kaser 在第 5 章中提到了实践网络和实践共同体的关键作用，但同时也提到了在加拿大不列颠哥伦比亚项目中创建特殊空间，以及创建其自身的学习领导力的作用，该项目创建。"冲突之外的'第三空间'，在这里教育者能够探究、体验新的学习方式，尝试有利于学习者的新的实践"。

本报告各章中反复出现的一个主题是境脉的重要性。它的意涵不仅仅指地理位置。系统在传统、规则和机会方面有着很大的差异。各个国家和系统中都存在着广泛的社会文化和经济差异，它们极大地影响着各种领导力策略实施的可能性。正如 James Spillane 在第 2 章所告诫的，境脉至关重要，但是更难的是理解它的内在意义：

> 社会结构使得人们之间的互动成为可能。这种社会结构的特定性同时促进和限制了个体与他人的交互，并由此界定了实践。"境脉至关重要"一语在教育中被过度运用，并且没有得到理解。学校改革者常把境脉看作一种阻碍，而研究者则把它作为用来解释干预为何失败或为何成功的"万能"变量。这两种态度都是令人遗憾的，因为在考虑与实践相关的情境时，多一些复杂周密的思考是非常必要的。

境脉不是外在于学校和学校环境的。社会境脉也进入了学校和课堂里，很显然，它们是由学习者自身带入的，学习者每天进入学校和课堂时都带着一系列源自于家庭和社区的信念和经验。当境脉正好直接进入到学习环境之际，它对学习领导力就变得如此重要。MacBeath 在第 3 章提出，21 世纪学校所提倡的更高的期望和专业性意味着现在更多的责任要放在管理和教师身上，以更好地回应伴随着境脉的变化而必然产生的变化。他援引 Mayer、Pecheone 和 Merino 的话说："迎接课程期望和更多元的学习者的挑战，意味着教师必须更加熟练地理解境脉和学习者变量对于教与学的影响效应。"(2012:115)

学习环境为学习的发生提供了环境自身的境脉。用以设计和再设计这种学习环境的领导力策略提供了通过更具参与性的方式，以及更紧密地满足教育者和学习者需求和兴趣的方式，来转变教育者和学习者所处境脉的各种途径。接下来的部分结合非正式场景，讨论了"学校"和"课堂"这些机构参照系之外出现的一个最重要的学习领导力拓展领域。

整合非正式和非正规场景的学习领导力

创新型学习环境项目非常认同并非所有的兴趣学习都发生在那些叫做学校的场所，当然该项目也认为，在当今社会，学校也依然毫无疑问是学习发生的核心机构。当学校开始创新时，它们通常会利用传统学校边界之外的伙伴和知识来源（OECD，2013）。一些新的非学校形式的学习环境已经创建起来，特别吸引年轻人的兴趣。甚至更复杂的是，这些为年轻人而创建的学习环境将"部分基于学校，部分在学校之外"这种学习取向和场景整合在一起，现在越来越成为主流的发展趋势。

通常认为领导力涉及的人（"谁"）和涉及的场景（"哪里"）都是基于学校的这一领导力取向，其延伸的领域和面临的挑战是清晰明确的。当要将正式的和非正式的、基于学校的和基于社区的、具有不同专业文化的人和学习资源整合到一起时，设计和领导力的挑战具有了一种新规则。"创新型学习环境"项目通过对"混合式学习环境"的分析也对此进行了探索，虽然在领导力这方面没有过多涉及（Zitter and Hoeve，2012）。

John MacBeath 在本报告中（第 3 章）对此进行了最直接的分析。某种程度上，领导力的挑战是创建将各种非正式的学习吸纳进经过设计的正式项目中的结构和能力。他认为非正式学习具有社会性、自发性和探索性的特征："学习游泳、骑车、弹钢琴、看地图、在不熟悉的领域航行、领导团队、解决问题,所有这一切都受益于特定的共同特征,即,它们镶嵌在各种关系之中,以学习者为中心,关注技能和倾向,它们是境脉化的,富有乐趣但也蕴含风险,提供支撑但也具有挑战性,既放松也紧张,年龄界限不那么明确。"

MacBeath 介绍了一些非正式项目的案例,它们是在主流学校场景之外组织的,基于上述非正式学习的优势特征,质量可靠并且可复制。这些案例包括香港的"另一种学习经验"项目(Other Learning Experiences,OLE)、美国费城的"林荫道"模型(the Parkway model)、苏格兰的"学习型学校"项目(the Learning School),以及努力在常规学校学习时间之外为 7—14 岁儿童提供创新型学习活动的英国"儿童大学"项目(Children's University)。在 MacBeath 看来,这些案例具有广阔的前景,但这还没有被正确地认识到:"学习场所('建筑工地')的潜能在很大程度上仍未得到探索,但它在将学习与生活联结方面做出了重要的贡献。"

MacBeath 进一步提出,由于学习环境的变革及其通过吸收更多的非正式元素而变得更具创新性,对学习领导力的要求也提高了:

> 对课堂外的学习场景开发探索的机会越多,对学习领导者提出的要求越高。这需要学习领导者帮助教师个体和教师团队拓展他们的知识库。儿童和年轻人越多地承担起对其自身学习的控制,对教师和教学领导者的教学法视野和适应性的需求就越高。儿童和年轻人越来越成长为独立的学习者和互助的学习者,其中所蕴含的面向儿童学习的领导者和创建者的策略智慧就越多。

在《一个叫做学校的地方》占主导地位的文献中,很少有对这些案例及类似案例中呈现的复杂性的理解。随着与非正式场景和项目的整合,教学法的需求似乎也在增长,但是那些非正式场景中的很多教学及其培训不会是为了满足这种需求,也不会属于本书中反复探讨的作为发展学习领导力不可或缺部分的那类"学习共同体"。只要这些案例依然在主体项目和主流教育项目之外,学习领导力就取决于那些实施者和参与其中的年轻人及其父母。

不过，当非正式场景中的学习项目不再是周末学习或假期学习那类边缘活动，而是逐渐与整合了正式学习的学习设计融合起来，变革和创新的空间就会显著扩展。领导力和管理的挑战也会由此显著增强。MacBeath 认为，他所介绍的那些项目所具有的"替代性"本质在涉及更广泛的创新变革空间时，其优点马上就变成了限制因素："但是，只要'儿童大学'项目被认为是学校的对立面，或是对学校的抗衡或者替代，那么留给系统变革的空间就少了"。这是探讨学习领导力、管理和治理的重要拓展。非正式场景中的学习项目使更多的年轻人不仅仅在学校中学习，而且在创新型学习环境中学习，整合了各种不同的专业工作者、志愿者、参与者和共同体，既聚焦于"教学核心"，又通过各种伙伴关系使学习环境得以向外扩展。

总之，由于认为学习场景和参与者都是熟悉的、以学校为中心的，因此"在哪里"（以及"谁"）实施学习领导力这一问题被相对忽略了。学习场景越是得到拓宽，不同的参与越是得以介入并作为创新型学习环境越是有不同的参与介入并作为环境的一部分，关于领导力的更多复杂性和议题越是应该加以解决和阐明。

"何时"实施学习领导力

正如本报告各章所强调的，实施学习领导力和创建创新型学习环境并没有特定的时间：它们应该是常态而非选项。也可以说，在那些教育组织和行政部门是常规性而非动态性的环境中，或者学习结果低得令人担忧的环境中，尤其需要学习领导力和创新型学习环境。出于同样的原因，那些环境可能特别会对良好的学习领导力实践表现出敌意。

但是，即便我们要提出学习领导力应该是一种常态，时间也是一个关键维度，本报告各章对此也进行了分析。在面对回应新环境的严峻压力时，特别能产生创新的驱动力以及支持这种驱动力实施的促进新的学习领导力的意愿。Jolonch、Martinez 和 Badia 在第 6 章中对此进行了最生动的说明：

> ……改革的起点清晰可辨：一个里程碑事件、一个情境或对实现改革的需求。

我们分析的学校从不同的方面表现出改革的需求，例如：入学人数的持续减少、管理团队的特点及其任期的变化、意识到学校形象在社区中的恶化、学业成绩的持续下滑、从已有的学校划分出一个新的学校。上述现象致使学校到达一个"突破点"或改革点，要从前一阶段向学习环境进行改革。

现在并没有到危机四伏的时候，但是如果试图维持现状或无所作为，代价将变得越来越大，超过照例行事的好处。Dimmock、Kwek 和 Toh 在第 4 章介绍了新加坡的一些创新案例研究学校，它们可以躺在一直以来高绩效的荣誉簿上而不会受到误解，没有任何变革的紧迫要求。但是，出于一种富有胆识的领导力，以及基于对 21 世纪头十年关于高绩效的理解到 2020 年也许已落伍的认识，学校领导层又踏上了新的征途，即便要求这么做的外部压力很小。设立阶段性目标以及创建愿景，必须面向未来眼光长远，并且能随着时间的推移做好启动变革的准备。本书中 Dimmock、Kwek 和 Toh（第 4 章）的关注重点放在时间上。他们至少从两个方面进行了探讨。

首先，他们对学习领导力采取的是与 Elmore 以及 Wiggins 和 McTighe（2005）等人一致的"逆向规划"方法。这种方法很审慎地将未来规划放进领导过程之中——决定未来某固定时间点希望实现的目标，然后研究确保至少有机会实现那些大目标的策略。这类似于启发了 OECD/CERI"明日之学校"项目中大量前期研究的未来思维方式（例见 OECD，2001，2006）。第 4 章的作者援引了 Covey（1989）的一句话："成功者心中以终为始。"Jolonch，Martinez 和 Badia 在第 6 章提出了高层领导者在其创新点上招募那些会继续投入工作的人时的各种考虑，正如作者所强调的，也希望那些能够驱动学习项目的人继续驱动该项目。

第二，Dimmock、Kwek 和 Toh 在其模型中及其两个学习领导力的实践案例中强调了转型是多么需要时间（多达十年），根据境脉决定某些事情必须先于其他事情以及为了实现愿景制定路线图是如何重要，愿景和策略自身如何随着时间而能加以改变。ILE 框架及其设计、学习、评估和反馈以及再设计的领导力循环是以时间的流逝为基础的，也是以看到领导力决策对学习模式的影响并相应进行组织决策的可能性为基础的。专业学习需要时间。建立信任和发展伙伴关系需要时间。承认时间的重要性并不是否认创新和变革的紧迫性;这只是强调,尽管愿望美好,但学习环境的创建或建模不是一朝一夕就能完成的。

关于学习领导力的总结性观点

学习领导力对改革和创新至关重要。学习领导力是如此重要,因为不管是在学校和学习环境的微观层面上,抑或是在更广泛的系统层面上,它对改革和创新的方向及结果的影响都是如此深远。由于学习是教育的核心工作,因此以创建和维系旨在助益良好的学习环境为核心的领导力是领导力最重要的形态和工作。在设置新方向和设计学习环境时,创新是实施学习领导力的一个不可分割的部分。

学习领导力参与设计、实施和维系强有力的学习环境。它是指为了使学习得以发生而制定方向和承担责任。它通过分布式、联结式的活动和关系得以实施,不仅包括正式参与者,还包括不同的合作伙伴,可以在整个学习系统的不同水平上进行实施。在致力于转型、坚守和促进变革发生时,它还包括"学习管理"。

学习领导力将创建促进21世纪学与教的环境置于领导力实践的核心。学生学习是教育工作的重心;不管环境是什么样的,核心工作是确保深度的21世纪学习。要实现这样的追求,设计和开发创新型学习环境就需要极高要求的教学知识库,需要每个人不断学习、忘记学习(unlearning)和再学习。所有参与者和参与伙伴的持续学习是创新型学习环境得以成功实施和维系的一个条件。

学习领导力表现出了创造性并且常常伴随着勇气。创新、设计、促进他人参与、再设计等这一切都需要创造性的投入。当以转型为目标时,心智和实践必须要有深度的转变,也必须要有时刻保持长期愿景的能力,即便刚开始也许要一点点来。领导力聚焦于实践、结构和文化的深度转变——而不仅仅是修补——并确保支撑条件的到位。这通常需要勇气和创造性的投入。

学习领导力示范并培育着21世纪专业主义。通过专业学习、探究和自我评估,学习领导者自身就是高水平的知识工作者。凭借参加恰当的专业学习以及为他人的专业学习创设条件,学习领导者在他们更广泛的共同体中展示并传播着类似的专业主义。通过进行教学和组织的实际探索以及从这些经验及反馈中学习的各种机会，专业学习使理论和实践混合在一起。

学习领导力是社会性的、联结性的。学习领导力本质上是社会性的；互动是领导力实践的本质所在。学习领导力是一种团队努力，它依赖于谨慎规划的用以加深、拓宽和维系学习的协作活动。学习领导力通过参与专业学习共同体和网络而得以发展、生长和维系。这意味着"中观"层面（共同体网络层面而非行政层面）是非常关键的，它通过学习领导力得以培育，而其自身又面临着作为学习领导力实施的舞台的挑战。

学习环境的创新越多，源于各种非正式伙伴的学习领导力越多，就需要我们更多关注它们的角色和能力。在关于教育领导力的研究文献中，"一个叫做学校的地方"已经占据了主导。通过制造不断增长的教学需求和组织需求，创新型学习逐渐将非正式学习场景和方法整合进来。学习领导力和专业学习共同体必须整合和拓展至一系列的不同专业工作者、参与者和共同体。

变革性的学习领导力涉及复杂的多层次的化学过程。强有力的 21 世纪学习环境的系统变革和维系依赖于不同层面的学习领导力。最初的驱动力可能来自于任一层面，可能来自于正式系统内部，也可能来自于其他伙伴。要使这种初始的驱动力持续下去，领导力必须在其他层面和场景中实施，以此培育初始的驱动力。

需要系统层面的学习领导力。在创建初始的变革空间时需要系统层面的学习领导力，对微观层面的革新做出反应时也需要系统层面的学习领导力。在创建促进网络式专业学习发生的条件时，存在一种关键的政策作用。它需要富有勇气的领导力，以确保管理和问责系统符合创建强有力的创新型学习环境的追求，或者至少不唱反调。

给学习领导者的问题

本章所概述的学习领导力对于实践而言是富于挑战的，而且需要长久的努力。对许多出发者而言，这可能是一个长期的旅程。但是我们认为，它对实现旨在促进 21 世纪的有效的创新型学习环境是非常重要的。

读完本章，你也许会希望通过以下问题对本章进行反思，或是在你的学习共同体中就本章内容围绕以下问题展开对话：

- 有哪些内容引发了你的共鸣？
- 有哪些内容挑战了你的思维？
- 当你想到你自己关于学习领导力的案例和经验时，它们是如何一一回应这个疑问式框架的——为什么？是什么？如何？谁？在哪里？何时？
- 你对学习领导力有哪些其他方面的反思？
- 你会如何运用、修改以及/或者推进这些想法？

在阅读后面各章中的专家观点和国际案例时，你可以用以下问题进一步进行反思和对话：

- 最吸引你的内容是什么？为什么？
- 这与你的经验和境脉有什么相似之处或不同之处？
- 你会如何在你的境脉中恰当地使用哪些国际案例？
- 你对学习领导力有哪些进一步的反思？

注释

1. 本章由 OECD 秘书 David Istance、伦敦大学教育学院 Louise Stoll 起草，采纳了本书其他作者的很多贡献。

参考文献

Barth, R. S. (2000), "Foreword", in P. J. Wald and M. Castleberry (eds.), *Educators as Learners: Establishing a Professional Learning Community in Your School*, ASCD (Association for Supervision and Curriculum Development), Alexandria, VA, www.ascd.org/publications/books/100005/chapters/Foreword.aspx.

Camburn, E. M., B. Rowan and J. E. Taylor (2003), "Distributed leadership in schools: The case of elementary schools adopting comprehensive school reform models", *Educational Evaluation and Policy Analysis*, 25(4), 347-373.

Cheng, E. C. K and M. L. Lo (2013), *The Approach of Learning Study: Its Origin and Implications*, OECD CERI Innovative Learning Environments project, OECD, Paris, www.oecd.org/edu/ceri/Eric Cheng.Learning Study.pdf.

Cohen, D. K. (2011), *Teaching and Its Predicaments*, Harvard University Press, Cambridge, MA.

Copland, M. A. (2003), "Leadership of inquiry: Building and sustaining capacity for school improvement", *Educational Evaluation and Policy Analysis*, 25(4), 375-395.

Covey, S. R. (1989), *The Seven Habits of Highly Effective People*, Free Press, New York.

Cuban, L. (1995), "The hidden variable: How organizations influence teacher responses to secondary science curriculum reform", *Theory into Practice*, 34(1), 4 – 11.

Darling-Hammond, L. et al. (2009), *Professional Learning in the Learning Profession: A Status Report on Teacher Development in the United States and Abroad*, NSDC (National Staff Development Council), Dallas, Texas.

Dempster, N., S. Lovett and B. Flückiger (2011), *Strategies to Develop School Leadership: A Select Literature Review*, Australian Institute for Teaching and School Leadership, Melbourne.

Dimmock, C. (2012), *Leadership, Capacity Building and School Improvement: Concepts, Themes and Impact*, Routledge, London.

Dimmock, C. (2000), *Designing the Learning-Centred School: A Cross-Cultural Perspective*, The Falmer Press, London.

Dumont, H., D. Istance and F. Benavides (eds.) (2010), *The Nature of Learning: Using Research to Inspire Practice*, OECD Publishing, Paris. http://dx.doi.org/10.1787/9789264086487-en.

Elmore, R. (2008), "Leadership as the practice of improvement", in *Improving School Leadership*, Volume 2, *Case Studies on System Leadership*, OECD Publishing, Paris. http://dx.doi.org/10.1787/9789264039551-4-en.

Halbert, J. and L. Kaser (2013), *Spirals of Inquiry: For Quality and Equity*, BCPVPA (British Columbia Principals' and Vice-Principals' Association) Press, Vancouver.

Hampden-Turner, C. (2007), "Keynote address", Leadership of Learning Seminar, Peterhouse College, Cambridge, April.

Hargreaves, A. and D. Fink (2000), "The three dimensions of education reform", *Educational Leadership*, 57(7), 30 – 34.

Hargreaves, A. and M. Fullan (2012), *Professional Capital: Transforming Teaching in Every School*, Routledge.

Harris, A. (2002), "Effective leadership in schools facing challenging contexts", *School Leadership and Management*, 22(1), 15 – 26.

Heifetz, R. A. and M. Linsky (2002), *Leadership on the Line: Staying Alive through the Dangers of Leading*, Harvard Business School Press.

Heller, M. F. and W. A. Firestone (1995), "Who's in charge here? Sources of leadership for change in eight schools", *Elementary School Journal*, 96(1), 65 – 86.

Hofstede, G. (1991), *Culture and Organisations*, McGraw-Hill, London. Hopkins, D. (2008) "Realising the potential of system leadership", in *Improving School Leadership*, Volume 2, *Case Studies on System Leadership*, OECD Publishing, Paris. http://dx.doi.org/10.1787/9789264039551-3-en.

Hoy, A. and P. Murphy (2001), "Teaching educational psychology to the implicit mind", in B. Torff, and R. Sternberg (eds.), *Understanding and Teaching the Intuitive Mind: Student and Teacher Learning*, Lawrence Erlbaum Associates, Mahwah, NJ.

Huber, S. G. (2011), "Leadership for learning — learning for leadership: The impact of professional development", in J. MacBeath and T. Townsend (eds.), *Springer International Handbook on Leadership for Learning*, Springer, Dordrecht.

Huber, S. G. (ed.) (2010), *School Leadership: International Perspectives*, Springer, Dordrecht.

Joyce, B. and B. Showers (2002), *Student Achievement through Staff Development*, 3rd edition,

Longman, New York.

Kennedy, M. M. (1999), "The role of pre-service teacher education", in L. Darling-Hammond and G. Sykes (eds.), *Teaching as the Learning Profession: Handbook of Teaching and Policy*, Jossey Bass, San Francisco.

Leithwood, K., K. Seashore, S. Anderson and K. Wahlstrom (2004), *How Leadership Influences Student Learning*, Center for Applied Research and Educational Improvement, Ontario Institute for Studies in Education, Toronto.

MacBeath, J. et al. (2009), *The Recruitment and Retention of Headteachers in Scotland*, Scottish Government, Edinburgh.

Mayer, D., R. Pecheone and N. Merino (2012), "Rethinking teacher education in Australia", in L. Darling-Hammond and A. Lieberman (eds.), *Teacher Education around the World*, Routledge, New York.

Mintzberg, H. (2009), *Managing*, Prentice Hall.

Nonaka, I. and H. Takeuchi (1995), *The Knowledge-Creating Company*, Oxford University Press, New York.

OECD (2013), *Innovative Learning Environments*, OECD Publishing, Paris. http://dx.doi.org/10.1787/9789264203488-en.

OECD (2009), *Creating Effective Teaching and Learning Environments: First Results from TALIS*, OECD Publishing, Paris. http://dx.doi.org/10.1787/9789264068780-en.

OECD (2008a), *Improving School Leadership, Volume 1, Policy and Practice*, OECD Publishing, Paris. http://dx.doi.org/10.1787/9789264044715-en.

OECD (2008b), *Improving School Leadership, Volume 2, Case Studies on System Leadership*, OECD Publishing, Paris. http://dx.doi.org/10.1787/9789264039551-en.

OECD (2006), *Think Scenarios, Rethink Education*, OECD Publishing, Paris. http://dx.doi.org/10.1787/9789264023642-en.

OECD (2003), *Networks of Innovation: Towards New Models for Managing Schools and Systems*, OECD Publishing, Paris. http://dx.doi.org/10.1787/9789264100350-en.

OECD (2001), *What Schools for the Future?* OECD Publishing, Paris. http://dx.doi.org/10.1787/9789264195004-en.

Owen, S. (2012), "'Fertile questions,' 'multi-age groupings', 'campfires' and 'master classes' for specialist skill-building: Innovative Learning Environments and support professional learning or 'teacher engagers' within South Australian and international contexts", Peer-reviewed paper presented at World Education Research Association (WERA) Focal meeting at the Australian Association for Research in Education (AARE) Conference, 2–6 December, University of Sydney, Australia, www.aare.edu.au/papers/2012/Susanne%20Owen%20Paper.pdf.

Portin, B., P. Schneider, M. DeArmond and L. Gundlach (2003), *Making Sense of Leading Schools: A Study of the School Principalship*, Center on Reinventing Public Education, Washington University, Seattle.

Resnick, L. B., P. J. Spillane, P. Goldman and E. S. Rangel (2010), "Implementing innovation: From visionary models to everyday practice", in *The Nature of Learning: Using Research to Inspire Practice*,

OECD Publishing, Paris. http://dx.doi.org/10.1787/9789264086487-14-en.

Robertson, J. (2013, in press), "Learning leadership", *Leading and Managing*, 19(2).

Sahlberg, P. (2011), *Finnish Lessons: What Can the World Learn from Educational Change in Finland?* Teachers College Press, Columbia University, New York.

Spillane, J. P., and K. Healey (2010), "Conceptualizing school leadership and management from a distributed perspective", *The Elementary School Journal*, 111(2), 253–281.

Spillane, J. P., K. Healey and C. M. Kim (2010), "Leading and managing instruction: Using social network analysis to explore formal and informal aspects of the elementary school organization", in A. J. Daly (ed.), *Social Network Theory and Educational Change*, Harvard Education Press, Cambridge, MA.

Spillane, J. P. and J. B. Diamond (2007), *Distributed Leadership in Practice*, Teachers College Press, New York.

Stinchcombe, A. L. (2001), *When Formality Works: Authority and Abstraction in Law and Organizations*, University of Chicago Press, Chicago.

Stoll, L. et al. (2006), "Professional learning communities: A review of the literature", *Journal of Educational Change*, 7(4), 221–258.

Stoll, L. and J. Temperley (2009), "Creative leadership: A challenge of our times", *School Leadership and Management*, 29(1), 63–76.

Talbert, J. and N. Scharff (2008), *The Scaffolded Apprenticeship Model of School Improvement through Leadership Development*, Center for Research on the Context of Teaching, Stanford University, California.

Timperley, H. (2011), *Realising the Power of Professional Learning*, Open University Press, Maidenhead.

Timperley, H., A. Wilson, H. Barr and I. Fung (2008), *Teacher Professional Learning and Development: Best Evidence Synthesis Iteration*, New Zealand Ministry of Education and University of Auckland.

Wiggins, G. and J. McTighe (2005), *Understanding by Design*, 2nd edition, ASCD, Alexandria, VA.

Yukl, G. (1999), "An evaluation of conceptual weaknesses in transformational and charistmatic leadership theories", *The Leadership Quarterly*, 10(2), 285–305.

York-Barr, J. and K. Duke (2004), "What do we know about teacher leadership? Findings from two decades of scholarship", *Review of Educational Research*, 74(3), 255–316.

Zitter, I. and A. Hoeve (2012), "Hybrid learning environments: Merging learning and working processes to facilitate knowledge integration and transitions", *OECD Education Working Papers*, No. 81, OECD Publishing, Paris. http://dx.doi.org/10.1787/5k97785xwdvf-en.

第二章 教育组织中的教学领导和管理实践

James P. Spillane[①]　美国西北大学

　　本章由 James Spillane 撰写,聚焦于教学的领导和管理并将之描述为"学校教育的核心技术"。Spillane 提出,已有太多分析立足于"领导学校机构而不是领导机构中的核心工作",因而这些分析和教学、学习及教与学的改进之间仅存在微弱关联。本章首先分析了教学的本质,讨论了作为领导教学的实践,领导力的诊断与设计工作。接着本章聚焦于围绕学校的组织基础结构而开展的诊断和设计工作:组织常规;工具(如,课堂观察程序单);正式职位;教学部门或教学组(如,学校学科组和年级组)。本章的讨论大多围绕学校层面,但它也提出需要一种更加综合的方法,不局限于教育系统的某一层面考虑多种要素以及它们是怎样(或怎么没有能够)共同发挥作用的。

导言

　　本章聚焦于课堂教学的领导与管理,这是学校教育的核心技术。尽管这个领域的多数研究关注的是领导力与变革,但本章还是有意识地强调领导力与管理。管理与变革的维系相关(Cuban,1988)。这里对管理这一术语的用法区别于更通俗的甚至通常带有贬义的用法,即,关注学校机构的运行而非改进教学的领导工作。教育者面临的挑战是不仅仅要在教育系统中引入和实施变革,还要在变革实施之后维系变革。变革和稳定是紧密相关的,而不是截然对立甚至互为仇敌的。虽然领导力和管理两者都非常重要，但从可读性的角度来考虑，本章将仅使用"领导力"这一术语，不过对实践而言，领导力和管理的含义都包含在内。

　　教学和领导教学的工作是本章讨论的中心内容，它们的重要性是本质上的而非偶然性的，原因有三个。首先，除了一些特殊情况，很多研究分析解释的是如何领导学校机构，而不是如何领导学校机构中展开的核心工作。结果，关于领导的描述和建议通常很少和教学的实际工作以及领导教学改进的实际工作相关联。第二，在研究者关于学校机构中的领导力研究中，即便他们关注到教学，通常也是将之作为因变量或结果变量，而很少作为能帮助我们深入研究领导力的解释变量（explanatory variable）。第三，即便考虑到了教学，也往往把它视为通用型活动。本章强调了将领导力工作锚定于教学的重要性。

　　虽然教学需要成为领导力工作的中心，但它的中心地位必须置于学校组织和更广泛的教育系统中，它们是课堂中教学实践的基础结构。教师和她的学生们共同生成了教学，但驱动或限制他们教学实践的安排却在即时的课堂之外（Cohen，2011）。课堂所处的特定学校，该地区的、该州的以及国家层面的教育管理安排，以及教育部门一系列的其他代表（如，教材出版商、教师培养项目和考试机构）对于理解面向教学的领导力都是关键性的因素。州政府和当地政府以及培养了绝大多数教师的大学一起，能够通过职前和在职教师培训、资格认定要求、招募、任期决定等方面从根本上影响他们的智慧能力（intellectual capability）。反过来，教师的智慧能力又从根本上塑造了教学的质量。此外，研究综述和元分析指出，在学校层面各种条件的中介下，学校领导力与教学质量联系在一起，并对学生的学习有着间接而重要的影响（Hallinger and Heck，1996a；Leithwood et al.，2007；Lieberman，Falk and Alexander，1994；Robinson，Lloyd and Rowe，2008；Louis and Kruse，1995；Rosenholtz，1989）。

　　因此，对学校层面的领导力和学习的深入分析，是促进我们从系统层面考虑领导教学及教学改进的一个重要出发点。当然读者们应该注意的是，学校所在的教育系统是不同的，这些差异对课堂教学非常重要，因而对学校领导者的工作具有启发意义。教育系统中，努力招募从事教学的最佳教师和最聪明教师的学校领导者与那些教育系统中很少从事质量控制的领导者相比，所面临的领导力挑战有很大差异。本章探讨的是面向教与学的领导力,重点放在学校层面(不过也认识到学校所处的更广泛的系统),并将之与教学锚定在一起。

本章没有提供什么教育领导力五步法或教育领导力十二步法,也避免给出一些简而化之的警句。那样做的话只会给教育部门所面临的如此困难而复杂的那一挑战提供简化的解决方案。说它是一个挑战,是因为纵观各国,教育领导力虽然都有一些相似之处,但也在很多重要方面存在差异,在不断寻求全球化的简化方案的探索中,这些差异常常被忽视了。如果建立在坚实的实证证据基础之上的简化方案确实存在,我将马上提供出来。但没有!更糟糕的是,"最佳解决方案"(而且没有缺陷)的宣扬者并没有改善这一问题,反而使之变得更糟。

本章的内容组织如下。首先讨论了教学尤其是教学的本质。第二,学校领导力的诊断和设计工作必须纳入领导力实践,领导力实践的形成方式对实践的研究和发展有影响。第三,在领导力实践的形成对于改进领导力实践工作所具有的各种启示意义中,需要重点关注围绕着学校的组织基础结构的诊断和设计工作。本章的讨论虽然大多集中在学校层面,但所探讨的很多内容都:1)必须置于学校系统这一情境中,学校系统的设置和组织对教学和学校领导实践都有影响;2)能够应用于"教育系统"其他层面的组织(当地政府、州政府、联邦政府),甚至诸如特许学校这类"体系外"的组织。尤其重要的是,必须要有一种系统方法,不局限于教育系统及附属系统的某一层面,考虑多种要素以及它们是怎样(或怎么没有能够)共同发挥作用的。

教学:领导力工作的本质所在

课堂教学应该成为学校领导力的诊断和设计工作的中心。赞同这一立场似乎是容易的,但需要审慎地考虑持有这一立场所代表的含义。这需要我们不是仅仅去研究领导力对于教与学的影响效应,尽管这很重要。在学校领导力的诊断和设计工作中,教学不仅仅是一个因变量,同时也是一个重要的解释变量。将教学视为一个解释变量为理解领导力的本质提供了新的视角。

真正把教学带进诊断和设计工作中会有什么结果呢?

教学作为领导的主体

教学不仅仅是领导的客体对象，也是这项工作的主体。虽然教学领导力的传统研究（Hallinger，2005；Heck，Larsen and Marcoulides，1990）将教学放在领导力研究与发展的版图上，但关于校长是如何真正从事领导工作（即日常实践）的研究并不多（更不用说其他学校领导者了）（Hallinger，2005；Hallinger and Heck，1996a，1996b；Heck and Hallinger，1999）。把教学作为一个关键的解释变量加以考虑，意味着不再将教学看成是整体划一的实践。这也意味着在领导力的诊断和设计工作中，认可学校的学科和教学维度（如，内容范围、教学策略和材料）是必须要考虑的方面。

学校中的学科不仅关系到教师怎么去教，还关系到领导者如何去领导教学。中学教师在对自己所教学科的理解上存在某些维度上的差异，包括定义、范围、教学材料的顺序，以及该学科是静态的还是动态的（Grossman and Stodolsky，1995）。这些差异对于教师在内容和课程的协调和标准化方面的控制等教学实践来说都是很重要的，反过来又成为了教育改革对课堂教学影响的中介（Ball，1981；Grossman and Stodolsky，1994；Little，1993；McLaughlin and Talbert，1993；Siskin，1991，1994）。尽管小学教师通常通晓各学科但并不是学科专家，他们对于教学工作的考虑也因学校的学科内容的不同而存在差异（Stodolsky，1988），教师在回应为课堂教学的改革所做的努力时，这些差异都是要考虑的重要方面（Drake，Spillane and Hufferd-Ackles，2001；Spillane，2000）。

如果教师对于教学的理解因学校学科的不同而不同，那么领导教学的工作很可能也因学校学科的不同而不同。已有实证证据表明的确如此。一些研究也指出，学校领导者（学校校长和其他正式任命的学校领导者）的认知脚本（cognitive scripts）因学校学科的不同而存在差异（Burch and Spillane，2003）。如果真是这样，那么领导教学的工作在某些方面就会因学校学科的不同而不同。已有证据表明的确是这样：虽然学校领导者致力于重新将语言和数学学科教学与学校的领导和管理政策挂钩，但是不同学科的挂钩机制也并不相同（Hayton and Spillane，2005；Spillane and Burch，2006）。

我们可以通过纳入教学实践的多重维度，来超越教师所教和领导者所领导的学校学科，进一步深化这一分析：学校领导力在很大程度上并没有满足教学的多重维度，如内容范围、教学策略、材料使用、学生分组安排等等。致力于理解领导力实践和教学实践两者关系的诊断和设计工作需要对教学有更加复杂周全的概念理解。

关于教学和领导力实践的理解

除了学科内容和教学维度,还涉及教学实践在教育系统中是如何构建的。正如很多评论者所指出的——其中最著名的是 Janet Weiss（1990）和 Brian Rowan（1990，2002）——教学作为一种实践,它的构建是社会性的,如何界定教学对于如何最好地领导教学有着启发意义。有些时候在有些系统内,教学更多地被社会性地界定为一种复杂的社会工艺,而在另外一些时候在另外一些系统中,教学更多地被社会性地界定为一项定义良好的、相对常规的、技术性的工作。如果教学更多地被社会性地构建为一种复杂工艺,那么在领导力的各项设置上,如果通过促进教师间的专业控制和合作领导的网络结构,让教师参与决策,那么可能会更有效。另一方面,如果教学被社会性地构建为一种相对常规的、技术性的实践,那么由行政管理者控制和监督这样一个包含输入、行为和输出的标准化系统可能会是更有效的。在大多数学校系统中,教学被社会性地界定为工艺性和技术性实践的混合体,有些系统在不同时段会倾向于优先考虑其中某一个界定(Rowan, 2002)。

将教学视作一种社会实践

不管教学实践的界定如何因场所和时间而不同,我们都将教学理解为一种社会实践。关于教学的一般图景和概念认为,教学是一种相对明确的独立实践,几乎等同于教师在课堂上的行动。但这种理解存在局限,它们并没有认识到教学是由教师和学生借助特定的智力材料和物理材料共同生成的(Cohen and Ball, 1999; Cohen, 2011)。教学不仅仅取决于教师的技能和知识,而且也取决于学生的知识和技能,他们和教师一起共同生成了教学。

认同教学实践的社会本质会对诊断和设计工作产生影响。领导力和教学之间的关系往往被过多地局限于学校领导者的工作和教师课堂教学之间的联系,而没有涉及既包含与教师的互动,也包含与学生及所用教学材料互动的多种途径。因此,领导力活动可能不仅仅与教师直接关联,还与学生及教学材料直接相联。或者领导力也会与这些形成教学实践的核心要素的各种组合直接关联，例如，与教师及学生直接关联，或者与教师及课程材料直接关联。

总之，在任何领导力诊断和设计工作中，必须把教学放在前面，并以其作为工作的中心，它不仅是领导力的客体，也是领导力的主体。也许有人担心以对教学的延伸分析作为出发点是本末倒置。事实并非如此，这种有意为之是为了平衡众多领导力研究中对教学的主流看法。而且正如这一部分所阐释的，将教学作为领导力工作的主体既不简单也不直接：教学实践是一种复杂现象，它是多层面的、社会性的，而且对它的认识会因所在场景和历史时间而不同。

那么如何领导这种被称之为教学的复杂现象呢？

聚焦领导教学的实践

在过去几十年间，一些改革者和研究者发展并运用了一种被广泛称为的"分布式视角"来构建学校领导力的诊断和设计工作（Gronn, 2000, 2002; Spillane and Diamond, 2007; Spillane, Halverson and Diamond, 1999, 2001）。通过分布式认知、活动理论和微观社会学，一种分布式的视角强调关注领导力不仅仅要将之视为一种组织特性（Ogawa and Bossert, 1995; Pitner, 1988），还要将之视为一种实践。这种视角下，领导力实践成为关注的主要因素（Spillane, 2006）。

本章的一个中心观点是，教育领导者的诊断和设计工作必须聚焦于领导教学的实践。实践必须是诊断工作的锚点，而实践的改进必须成为设计工作的目标。领导教学的实践发生在学校领导力与课堂教学相遇之处。领导的职位、角色、责任和结构都会对其产生影响，但它们真正影响的是日常领导实践中促进教学改进的程度。在领导力实践中，创建新的领导职位或重新界定领导责任并不能保证变革，更遑论教学的改进。因此，我们诊断和设计的努力必须以实践为中心。

赞同实践应该成为关注的中心是很容易的，难的是这具体意味着什么。在将分布式视角引入与领导力设置相关的诊断和设计工作时，有三件事是非常重要的：1）关注互动中的人，而不只是人的个体行动；2）不要仅仅关注位居组织官僚体系顶端的行政长官或指定的领导者;3)人们要进行互动取决于他们所处的情境,而所处的情境往往理所当然地被认为是实践的舞台或背景。

超越个体的行动:开始互动

研究者对领导力行为的研究已经有半个多世纪了(Fiedler,1967;Hemphill,1949),将实践理解为行为使得研究者能够观察学校领导者个体(主要是学校校长)在做什么并对此进行报告。但是,将实践理解为行为并不能认识到,在真实的世界里,人们并不是在社会隔离状态下行动的;一个人采取行动,其他人做出反应,他们互动的过程便形塑了实践。因此,必须超越个体的行为或个体们的行为来理解实践。

从分布式的视角来看,领导力实践是在人与人之间及人与情境之间的互动中成型或形塑的。这些人包括教师、行政管理者、专业人士,有人也许还会加上学生、家长,以及学区官员、学校督学等组织外部的其他人。个体做出了行动,但他们是在与他人的关联中做出行动的,这些日常的互动正是实践的本质。由此,实践是由学校教职员工之间的互动共同生成的。理解实践的努力和改进实践的努力需要触及互动,而不是简单地从狭隘的心理学视角来关注实践,在那种视角下,实践被看成是个体领导者的知识和技能的一个产品。至关重要的是互动,而不仅仅是个体的行为。

如果实践存在于互动之中,那么必须承认实践的突现性。个体或多或少也许会有通过一些特定途径行事的计划,但是通常难以预期其他人将会如何反应:A 做出行动,B 做出反应,随后 A 或 C 再做出反应。这就是心理学家称之为的"双重互动"——"描述人际间影响的基本单位"(1979:89)。人类的互动是实践的构建组块,它因此依赖于突现式的反应或互动,而不是依赖于预设的个体的计划或脚本。虽然(在情境的其他各方面中)社会的规范和正式的职位是人们在特定情境中互动的脚本,但它们所提供的脚本是宽泛的,不能覆盖或预期每一次互动的特定性。因此,人们必须在他们与他人的互动之中即兴发挥。

超越英雄式领导

实践一旦被理解为社会互动,并开始成为分析的核心单位,那么就必须超越对正式任命于领导职位的那些个体(如校长)的行为、行动或风格的狭隘关注。如此,对"英雄领导范式"这一领域的信赖便受到了挑战(Yukl,1999),我们转而开始寻求对领导责任和工作在实践中是如何分布在多元个体身上的理解。这一认识,和关于分布式领导的通常论述不同,它绝不否认校长在学校领导中的重要作用。事实上,分布式观点下的实证研究(而不是书斋式的理论研究)一直强调学校校长的关键作用(Camburn,Rowan and Taylor,2003;Spillane and Diamond,2007)。

根据分布式认知的观点,挑战不仅仅包括识别谁在从事领导教学的工作,而且包括这项工作的责任是如何安排或逐级扩散在学校领导者团队中的。例如,根据一项针对不同地区100多所小学的研究表明,领导力的职能发挥分布在领导者团队之中,一般包括校长、副校长和教练在内的3至7人。而且,校长通常承担着所有层面的领导工作,而教练和其他专家往往聚焦于领导教学工作(Camburn,Rowan and Taylor,2003)。另一项针对某城区学区所有30多所小学的研究发现,包含学校校长在内,每所学校正式的全职领导者的平均人数为3.5人(Spillane and Healey,2010;Spillane,Healey and Kim,2010)。如果考虑哪些人承担课堂教学职责,哪些人承担领导力职责,那么这一数目会显著增加。其他一些研究表明,不具备正式领导职位的教师以及学区相关人员和外部咨询顾问,也承担着领导工作的责任(Harris,2005;Heller and Firestone,1995;Leithwood et al.,2007;Portin et al.,2003;Timperley,2005)。

领导力在不同个体间的分布方式事实上是由各种因素决定的,例如领导力职能或常规的类型(Camburn,Rowan and Taylor,2003;Heller and Firestone,1995)、学科内容(Spillane,2005)、学校规模(Camburn,Rowan and Taylor,2003)、学校类型(Portin et al.,2003),以及学校领导团队是否为新建团队(Copland,2003;Harris,2002)。因此,有关学校领导力的分布式观点促使我们去关注领导力实践是如何安排分布到多个领导者及其下属身上,而不是仅仅关注领导力实践是什么。

承认领导力实践安排分布在领导者之间就是认识到没有哪个特定学校的哪个个体必须要拥有很好地执行某一个特定领导任务的必要知识或技能,所以要完成领导任务,也许必须要有两个或者更多个体的参与。例如,假设有一所小学,正在致力于将探究性教学方法引入科学教学。学校里一位出色的一年级教师对科学内容和教学法都有着深度的概念性知识,也许就很自然地领导起这一工作,但也许缺乏促进同事对他们的教学进行评议的必要技能。在这种情况下,找到一位或更多的学校教职员工来共同完成该学校领导科学教学中的变革这一任务就至关重要。承认领导力实践安排分布在领导者之间还意味着,认识到学校领导者在完成某一领导任务时通过自己与他人的互动,例如分享信息以及相互商议,也许会生成新的知识和技能,为领导力实践的改进提供了帮助。由此,与分布式认知的研究相一致,执行任务的专长就存在于个体之间,而不是为任何一个个体所拥有。承认领导力实践安排分布在领导者之间,不等于给出一些愚蠢和简化的处方,就像那些企图使我们相信的:每个人都是领导者,或者一项领导任务中领导者越多越好。厨子多了会烧坏汤,事实上也的确如此。

情境:从内而外界定实践

如上所述,社会互动是理解实践的关键,而人对这种互动而言至关重要。但是人与他人之间的互动不是发生在真空之中。社会学家提醒我们,人类的互动只有在社会学家称之为的"社会结构"下才成为可能。有些常被视为理所当然的东西,例如语言、社会规范、组织常规、工作惯例,以及各种工具等,都是一些手段,人们通过它们与世界上的其他人进行互动。社会结构使得人们之间的互动成为可能。这种社会结构的特定性同时促进和限制了个体与他人的交互,并由此界定了实践。"境脉至关重要"一语在教育中被过度运用,并且没有得到理解。学校改革者常把境脉看作一种阻碍,而研究者则把它作为用来解释干预为何失败或为何成功的"万能"变量。这两种态度都是令人遗憾的,因为在考虑与实践相关的情境时,多一些复杂周密的思考是非常必要的。

实践的情境不仅仅是个体与他人互动于其间的某一阶段或某一处所,相反,它包含了诸如正式职位、组织常规、规范、协议等一些事情,这些事情的关注重心是谁与他人互动,个体与他人就什么互动,个体如何与他人互动,并借此界定了日常的实践。当然,关于领导力的研究,例如权变理论研究者所做的那些研究,早就已经承认了情境之于组织领导力的重要性,但是他们大多认为情境是从外部影响领导力的,这在很大程度上是因为他们将实践等同于个体的行为或行动,而且通常是等同于校长的行为或行动。分布式观点对待实践及其所处情境之间关系的认识有所不同:情境的外在表现形态不仅仅是由外而内地"影响"了人们做的事情或计划要做的事情,而是从内部实践出发来发挥这种影响,即,它们不是外在于领导力实践的。情境的这些外在表现形态有助于界定人们如何与他人互动,使得某些类型的社会互动成为可能同时又禁止或限制了其他某些类型的社会互动,并由此从内部界定了实践。这样,情境的外在表现形态不是简单地缓和了人们的行动对一些结果变量的影响,相反,它们是界定实践的一个核心要素,和人们界定实践的方式一样(Spillane, 2006)。因此,虽然人们多半认为其理所当然而未予以注意和承认,但情境的外在表现形态却是常常从根本上界定了实践。

如此,领导力实践就不仅仅分布在人与人之间,同时也分布在情境的外在表现形态上,例如规范、组织常规和工具。在一个围绕着"伟大男人"以及有时是"伟大女人"的英雄式领导观念盛行的世界里,领会情境之于实践的重要性是很难的。实践,就像心脏内科医疗组执行一项心脏手术,或者一所中学领导团队致力于引领一项课程改革从而教会学生在初中课程中掌握读写技能一样,它从根本上是由情境来塑造的。新技术不仅仅是使得实践更有效果和更有效率(或者有时没那么有效)的配饰,它们也从根本上转变了实践的核心本质。个体通过运用检核表、方案书(例如,课堂观察方案、师生表现打分量规)、学生成绩单等工具,与他人见面和互动。这些工具通常被视为理所当然,从根本上形塑了个体如何看,看到了什么,以及个体在与同事的互动中商议了什么。通过这种方式,他们在学校中从内而外地界定了日常的领导力实践,而不是由外部权变来由外而内地塑造实践。因此,在诊断和设计工作中需要认真地从内部将情境纳入进来,去诊断实践是如何得到界定的,并由此进行重新设计。

对于实践及其情境之间的关系,我们必须形成一种不同的观念,认真地去看待那些日常事务是如何帮助我们去界定日常实践的。那些用来与他人互动的事情通过聚焦和理解某些事情而非其他事情上的互动,以及与某些人而非与其他人的互动,界定了互动。虽然情境的外在表现形态通过促进和限制谁与谁互动,就什么互动,如何互动,以及何时互动来帮助界定实践,但情境的这些外在表现形态也是在实践中得以界定的。某个个体所在情境中的那些事情,如信任的规范,或监管教师的组织常规,是在日常实践中再生产出来的,有时也会发生或渐变或巨变的转型(Sherer and Spillane,

2010；Spillane，Parise and Sherer，2011）。情境的外在表现形态提供了关于个体在特定情境中会如何互动的一些脚本，尽管是非常宽泛的，但这些脚本决不能覆盖所有偶发实践，因而在实践中即兴发挥是必要的。

接下来，我们如何改进领导教学的实践呢？

诊断与设计：组织的基础结构与实践

如果突现与即兴发挥是实践的核心本质，那么实践是不能被设计的。我们可以给一位学校校长提供关于如何开展教师评估或者如何促进学校改进计划的某项工作的脚本、手册、专业发展以及实验方案，但是如果我们认真地看待实践的突现性以及人类互动中即兴发挥的必要性，那么这些工作将不是设计领导力和设计实践。但我们可以为实践而设计（Spillane and Coldren，2011）。

具体而言，我们可以对包括组织常规、规范、正式职位、工具等在内的情境的外在表现形态或社会结构进行设计和再设计，从而以特定方式影响领导力实践。思考这一社会结构的一条途径是将之作为领导教学这一实践的一种基础结构。基础结构是人类活动所有方面的必不可少的要素。政策制定者和经济学家不断提醒我们，道路、火车、电力供应、银行、水、下水道等等这些城市和国家的基础结构对于经济生产力而言是必不可少的。基础结构形塑了我们的工作方式。像学校这样的组织也拥有形塑了在其中的人们的工作方式的基础结构，包括建筑、组织常规（如教师评估）、工具（如课程、学生评价、教师评估方案以及学生成绩单），以及管理规章（如出勤政策）。组织的基础结构，尤其对组织的那些老成员而言，它存在于幕后，多半是平常无奇的。事实上，只有在基础结构不能发挥作用，或者它受到一些外生冲击而突然发生变化的情况下，那些被视为理所当然的事情才会显现到幕前。组织的基础结构通过或多或少地界定个体互动的对象、地点、时间和内容，而或好或坏地促进了学校中日常实践的界定。

基础结构的设计和再设计为改进领导教学的实践这一任务提供了牵引力。在这一工作中，诊断是必不可少的。诊断是对形成问题预判之基础的一些事情的本质或缘由进行分析并提出一种观点，其中包括对目标的界定和对实现这些目标的途径的识别。诊断是有意识地塑造某个体所在情境的外在表现形态以便于实现这些目标。尽管设计通常被认为是一种不那么实际的工作，但它却是一种日常活动（Norman，1988）。

下面一部分围绕两项工作，论证了诊断和设计对于改进领导力实践的必要性：第一，通过组织常规——这是学校里的重要产物，所有其他组织都一样——分析了基础结构和实践之间的辩证关系。第二，识别了学校组织的基础结构的其他要素，进一步指出，因为这些要素涉及领导教学的实践，所以我们可以运用组织常规提出的相同框架来思考这些要素。

基础结构与实践：以组织常规为例

组织常规是学校的重要产物，包括教师评估、教师招募、学校改进规划、年级组会议以及学生集会。组织常规在组织理论和学校改革文献中的口碑很差，常常因为在面对变革的努力时维持习惯和保守现状而受到指责。但是，组织常规对于组织行使职能，发起协调行动，减少组织工作中的冲突，以及在人事变动时维持连贯性方面是必不可少的。组织常规是"涉及多个行动者的、关于共生行动的一种重复性的、可识别的模式"（Feldman and Pentland，2003）。

从分析上来看，对于理解基础结构与实践之间关系特别重要的是，我们可以认为组织常规具有"表面性"（ostensive）和"实作性"（performative）两个方面的特征（Feldman and Rafaeli，2002）。其中表面性指的是"原则上的常规"或常规的理想化版本，而实作性指的是实践中的尤其是某地某时的常规。

组织常规的表面性方面可以通过对学校员工之间的互动进行模式化，从而为组织中的实践提供结构。作为一个宽泛的脚本，某一常规的表面性方面（如，年级组会议），促进和限制了学校员工之间在某些特定事情上（如，要使用的材料而不是教学方法）的互动（如，同年级的教师更有可能彼此互动）。这里重要的一点是要认识到，通过设计或者其他方式，组织常规的表面性方面，具体化为学校工作的关键方面的认知体现，例如教学、学习、领导、学生成就等。学校员工用来与他人互动的材料（如，课堂观察方案）和那些抽象的事物（如，组织常规的表面化脚本）具体化为"心智间模型"（intermental inodels),以特定的方式代表了他们工作的关键方面。就学校员工对这些事物的使用而言,他们注意到了什么,他们如何阐释自己所注意到的东西,这些不仅仅是他们个体心智内部、头脑内部知识或图式的反映,也是具体化为他们用来与他人互动的那些事物的心智间模型的反映(Hutchins,1995)。

与此同时,某项组织常规的每一次实施(组织常规的实作性方面)会考虑日常实践中的变化,这些变化是人们临场即兴发挥带来的,在实施表面性脚本时,他们会在某种程度上从根本上填充、调整或者修改表面性的脚本,这些填充、调整或修改的方式也许会或者也许不会编入学校的正式的基础结构中。因为脚本太过宽泛和抽象,而不能指导各种不同情境中的工作,所以组织常规的日常共生实践(co-practice)使得情境中的即兴发挥成为必需。虽然组织常规的表面性方面引导着学校领导者和教师与他人的互动,但它们在特定时间和场所的实作性表现广泛地而非特定地受到共同生成实践的那些人的影响(Sherer and Spillane,2010)。随着时间的推移,某项常规的实作表现开始出现累积性的而且常常是计划外的变化,这些变化也许会使得该项常规的表面性方面也发生变化。与此同时,由于不满于某一项常规在实践中的运行,学校领导者需要重新设计常规的表面性方面,以便改进它的实作表现(Spillane and Diamond,2007)。因此,虽然常规的表面性方面造成了常规的特定实作性表现,但是正是在实作性表现中,表面性的脚本得到了再生产有时甚至是转型(Sherer and Spillane,2010;Spillane,Parise and Sherer,2011)。

对组织常规的设计和再设计是学校领导者在应对高风险问责制政策出现时的一种常见反应。他们设计了新的学校组织的常规来转变学校的领导力实践,以便于使之能对政府政策和课堂教学两者都能做出更好的应对(Sherer and Spillane,2010;Spillane,Parise and Sherer,2011)。这些常规一旦得到制度化,就转变了学校的工作实践,增加了学校员工关于学校核心学科教学的互动(Sherer and Spillane,2010;Spillane,Parise and Sherer,2011)。但是这些常规对于教学而言并非中性的。为了应对数学和阅读的国家测试,学校领导者设计了一些常规和相关工具,使得学习和学生成功的特定表征(如,描述性词语、词汇)得到了具体体现,而忽略了其他一些表征(如,创意)。因此,虽然学校员工之间关于教学的互动增多了,但是这些互动围绕着的是某些学校科目(如阅读)而不是其他科目(如科学),以及那些思考教学的特定途径。

我们可以通过对组织常规的表面性方面的设计和再设计,改变并有希望改进领导教学的实践。这一工作将会涉及常规的实作性方面,还会涉及对设计努力产生影响的问题预判的形成。

学校组织的基础结构:要素与特征

组织常规只是一所学校组织的基础结构的一个方面。其他构成要素还包括工具(如,课堂观察方案)、正式职位(如,副校长、指导教师),以及部门或分支单位(如,学校学科组和年级组)。表面性和实作性的框架也可以适用于这些构成学校组织的基础结构的其他要素,其方式也和上述对组织常规所做的相同。

学校的基础结构的某些要素由学校领导者和教师设计,而其他一些要素则由外部机构(如,政府机构以及其他系统供应商)来设计,并且它们的使用有时也是由外部机构托管的。在过去几十年里,考虑学生在标准化考试中的成绩数据已经成为美国学校工作的一个突出特征,这是政府政策的结果。学校领导者和教师出于政府政策的压力而在决策中使用这些数据。随着时间的推移,报告成绩数据的需求逐渐转变为国家必须根据特定的学生群体来分解数据。政策环境的这些转变不单单是给学校使用学生考试数据带来新压力,它们还涉及学习以及相关的教学如何在学校实践中得以表征的转变。就像组织常规,这些数据具体化为学生学习的特定表征,吸引了对学习的某些方面的关注而忽略了其他方面,并通过给学生学到的内容以及相应的教师所教的内容(也许还有教学的方式)分配数值,而将学生学习和课堂教学这一复杂领域简化至个体学生、课堂和学校的层面(Sauder and Espeland, 2009)。在某种程度上,学校员工对考试分数形式下学习的这些特定表征所包含的意义予以关注和进行讨论时,他们便开始以某种方式而非其他方式来看待教学和学习。

这样,像标准化考试数据这样的工具,具体化为对于学习和教学具有意义的特定表征,是领导力实践不可分割的、决定性的构成要素。不管是作为对设计,还是对突现,抑或对两者的某种结合的反映,一所学校组织的基础结构或多或少地支持着领导教学这一实践。通过基础结构的设计和再设计,可以改变领导力实践。学校组织的基础结构会对领导教学这一实践产生影响。例如,最近的研究表明,当对教师从前一个学年中获得的教学建议和信息纽带进行控制时,教师更有可能从同年级的教师那里寻求教学建议和信息(Spillane,Kim and Frank,in press)。同样,教师更有可能从被正式任命在领导职位上的那些同事那里寻求教学建议和信息(Spillane,Kim and Frank,in press)。

除了出现变化(如,一个新的学校领导团队或政府政策扰动了学校的常规工作),基础结构在日常实践中通常是不可见的。在学校中,一旦实践的要点和要素得到制度化,基础结构就"虽然伸手可取但却不可见了"(Star,1998)。从内部来界定实践,基础结构的透明度、应然性、持久性以及可达性都给组织成员对其进行觉察和诊断带来了困难。尽管如此,审慎的诊断对于基础结构的设计和再设计而言仍是必不可少的。

对基础结构的任何诊断或设计工作而言,要关注的一个方面是组织的基础结构其表面性方面有哪些特征使得它在促进或限制实作性表现方面更加有效或更加低效。下面我从关于教育系统的研究(Cohen and Spillane,1992;Floden et al.,1988),以及关于什么样的条件使形式产生作用的社会学研究中(Colyvas,2012;Stinchcombe,2001),列出了一个初步的清单。这份清单是建议性的而非全面性的。它提出了一个组织的基础结构表面性方面的五个特征,我假定表面性特征可能会影响它与实作性方面之间的联系。

1) 锚定教学并与教学相一致。首先要考虑学校领导力的基础结构是否与教学相联结以及如何联结。我们不能假定一所学校的领导力基础结构是与教学相联结的,一些不同的研究已经发现,教学与学校的基础结构以及与政府政策之间的联结是松散的,甚至失去了联结(Meyer and Rowan,1977;Weick,1976)。如果基础结构锚定于教学之中,那么需要分析它是如何锚定的以及通过哪些教学要素(教师、学生和材料)来锚定的。正如本章前面所讨论的,教学是在师生与围绕着特定材料并与之展开互动的过程中共同生成的。这样理解的话,我们可以预想围绕着每一个教学要素(教师、学生和材料),并且通过互动而非在隔绝状态下来系统地关注这些要素的组织基础结构和领导力实践,更有可能促进教学的改进。

2) 认知充分性。关于学校的组织基础结构的表面性方面,另一个可能对如何限制或促进实作性方面(实践)产生影响的特征是它的"认知充分性"(Colyvas, 2012; Stinchcombe, 2001)。认知充分性指的是一个组织的基础结构在描述上的"准确性, 理解那些管理行动所必需的所有事物的充足性, 让基础结构易于使用的认知经济性, 能够控制各种情境的覆盖性"(Stinchcombe, 2001: 18)。虽然基础结构的表面性方面也许不会控制或决定实作性方面, 但是认知充分性在考虑表面性方面具有引导作用, 并认同基础结构具体化为领导、教学和学习的认知表征这一理解。认知充分性强调, 必须去诊断一项常规的表面性方面在多大程度上代表了领导教学、课堂教学和学生学习的实践。学校的组织基础设置中领导教学这项工作的抽象表征在多大程度上准确地、经济地、充分地代表了这项工作?如果学校基础结构的表面性方面对于实践工作的表征不足以满足学校实践工作者的日常使用, 那么它们就不可能去引导他们的实践。

3) 可传输性、可破坏性和可修正性。(参考了 Stinchcombe (2001) 但修改了他的几个分类。) 在表面性方面, 实践的表征必须是可传输的, 这样它们就可用于实作性方面。如果不具备可传输性, 那么这些表征就不可能在特定场所、特定时间促进和限制实践。第二, 组织的基础结构的表面性方面必须要能够承受它在实作或实践中遭受的破坏。如果一个组织常规的表面性方面禁受不住被破坏的影响, 例如学校员工参加年级会议仅仅是走过场而错失或回避了年级组会议的目的, 那么表面性方面在促进和限制实作性表现方面就是无效的。最后, 一个关键的问题是表面性方面是否具有修正自身的途径, 即可修正性。这是至关重要的, 因此使得表面性方面在实作性方面是相关的、可用的和有用的。学校的基础结构必须与现实的实践保持步调一致, 要做到这样就必须接触学校的日常实践, 以及在需要时不管怎样都要去发掘和利用这一知识来进行修正和修补。

4) 一致性。如果一所学校组织的基础结构的表面性方面将会促进或限制实践的话, 那么在任一构成要素(如, 一项组织常规)内部的一致性以及各构成要素之间保持一致性是非常重要的。如果组织的基础结构的要素内部或要素之间存在不一致的话, 可能会破坏它对实作性方面的影响。

5) 权威与权力。学校组织的基础结构的权威和权力指的是它给组织成员带来的影响力。这会是正式权威带来的一种反映结果, 就像校长职位所附带的权威一样,或者如上文提到的,政府管理所要求的学校基础结构的某些方面(如,正式职位及谁有资格任职,一些组织常规)。与此同时,一个组织的基础结构的权威性和权力也会是组织成员的归属感的一种反映结果(Spillane and Anderson, under review)。当组织的基础结构或它的某些部分在进行再设计和变革时,权威和权力可能会特别具有相关性。

结论

本章聚焦于学校教育的核心技术——课堂教学的领导。本章的大多数案例关注的都是学校层面的教学领导实践,因为领导力是通过学校层面的条件来中介的,与教学质量有关,并且对学生学习有着重要的间接效应(Hallinger and Heck, 1996a; Leithwood et al., 2007; Lieberman, Falk and Alexander, 1994; Robinson, Lloyd and Rowe, 2008)。因此,在学校层面上密切关注领导力与学习之间的关系,是对组织层面和系统高层面思考教学领导及其改进发挥影响的一个重要出发点。

同时,认真地思考一个特定教育系统中的学校是如何被放置于与课堂教学管理相关情境中也非常重要。在这一安排上,不同教育系统之间的差异是很大的。有几位学者根据这种差异将系统区分为集权制系统和分权制系统,这种区分虽然有少许作用,但是就对教学的引导而言,它却掩盖了教育系统之间一些最重要的差异(Cohen and Spillane, 1992)。需要注意的是,当利用分布式观点进行诊断和设计时非常重要的一点是,学校在教育系统中的存在方式是有差异的,这也因此导致了教学实践及由此带来的学校领导实践的差异。美国的许多学校还有其他国家的很多学校所处的境脉中,系统层面的支持课堂教学的基础结构是碎片式的、毫无创意的,经常给学校发布一些关于教学改进的对立和不成熟的信息(Cohen and Moffitt, 2009)。在这种安排下,学校通常只能在很大程度上依靠自己来判断如何实现外部施加的改进要求。相反,有些教育系统给学校提供了更为一致和详尽的关于教学的指导,以及关于限制谁能进入教学专业以及如何培养他们学会教学的指导。对教育系统在学校系统不同层面上的教学管理安排及其对领导教学和教学改进上的差异的系统讨论超出了本章的范畴。

但是要详细阐述这里提出的这些观点,它们却是非常重要的。

正如本章所讨论的,领导教学的分布式观点经过一些细致周到的改变,可以适用于某一教育系统的任何层面(如,当地教育权威部门、教育部)甚至教育系统外的机构(如,特许学校系统或综合学校改革支持者)。孤立地考虑教育系统的某一层面是有问题的,因为在领导教学时,某一层面上发生的事情是和其他层面上(当地、州及联邦)乃至系统外的机构层面上发生的事情互为依赖的。学校层面上领导教学的努力是与教育系统其他层面上的努力(或无作为)互为依赖的。

教育系统的任何一级组织应该和更广泛的机构部门关联起来考虑。这非常重要,理由有三个。首先,教学领导力在任何层面上或多或少地依赖于其他层面上的教学领导力。因此,为了理解和改进学校层面的领导力,必须不仅仅是认识到它与其他层面上的互赖性,而且要去探究这些互赖性。

其次,必须在教育系统以及系统外机构的层面上理解教学领导,也就是必须进行一个制度性的分析。这是一个具有挑战但却必须为之的任务。理解系统并不是从教育系统的最高层面(如,联邦政府或州政府)由上而下了解现实中的情况。如果教学领导力的改进是一个核心目标,那么这种自上而下的诊断和设计工作带来的认识很少是有用的和可用的。相反,对系统的理解必须同时自上而下和自下而上,并且同时由外而内并由内而外。

再次,在阐释不同国家领导教学的研究时,采取一种系统的或制度性的方法是非常关键的。某个国家或世界某个地区关于学校领导力的实证研究的结果只有当该研究认真地考虑了研究所处的教育系统时,才能为另外一个国家或地区所理解和领会。这使得对不同系统进行公平比较以及形成合理有效的推断成为可能:只要我们审慎地转化其他各种教育系统中关于教学领导的这些经验教训,我们就能够从其他教育系统关于教学领导的研究中学习。

注释

① 西北大学教育与社会政策学院学习与组织变革 Spencer T. 与 Ann W. Olin 教席教授。

参考文献

Ball, S. J. (1981), *Beachside Comprehensive: A Case Study of Secondary Schooling*, Cambridge University Press, Cambridge, UK.

Burch, P. and J. P. Spillane (2003), "Elementary school leadership strategies and subject matter: Reforming mathematics and literacy instruction", *The Elementary School Journal*, 103(5), 519-535.

Camburn, E. M., B. Rowan and J. E. Taylor (2003), "Distributed leadership in schools: The case of elementary schools adopting comprehensive school reform models", *Educational Evaulation and Policy Analysis*, 25(4), 347-373.

Cohen, D. K. (2011), *Teaching and Its Predicaments*, Harvard University Press, Cambridge, MA.

Cohen, D. K., and D. L. Ball (1999), *Instruction, Capacity, and Improvement*, CPRE Research Report Serries RR-43, Consortium for Policy Research in Education (CPRE), Philadelphia, PA.

Cohen, D. K., and S. L. Moffitt (2009), *The Ordeal of Equality: Did Federal Regulation Fix the Schools?* Harvard University Press, Cambridge, MA.

Cohen, D. K. and J. P. Spillane (1992), "Policy and practice: The relations between governance and instruction", *Review of Research in Education*, 18(3).

Colyvas, J. A. (2012), "Performance metrics as formal structures and through the lens of social mechanisms: When do they work and how do they influence?" *American Journal of Education*, 118(2), 167-197.

Copland, M. A. (2003), "Leadership of inquiry: Building and sustaining capacity for school improvement", *Educational Evaluation and Policy Analysis*, 25(4), 375-395.

Cuban, L. (1988), *The Managerial Imperative and the Practice of Leadership in Schools*, SUNY (State University of New York) Press, Albany, NY.

Drake, C., J. P. Spillane and K. Hufferd-Ackles (2001), "Storied identities: Teacher learning and subject-matter context", *Journal of Curriculum Studies*, 33(1), 1-13.

Feldman, M. S. and B. T. Pentland (2003). "Reconceptualizing organizational routines as a source of flexibility and change", *Administrative Science Quarterly*, 48(1), 94-118.

Feldman, M. S. and A. Rafaeli (2002), "Organizational routines as sources of connections and understandings", *Journal of Management Studies*, 39(3), 309-331.

Fiedler, F. E. (1967), *A Theory of Leadership Effectiveness* (Vol. III), McGraw-Hill, New York.

Floden, R. E. et al. (1988), "Instructional leadership at the district level: A closer look at autonomy and control", *Educational Administration Quarterly*, 24(2), 96-124.

Gronn, P. (2002), "Distributed leadership as a unit of analysis", *The Leadership Quarterly*, 13(4), 423-451.

Gronn, P. (2000), "Distributed properties: A new architecture for leadership", *Educational Management Administration Leadership*, 28(3), 317-338.

Grossman, P. L. and S. S. Stodolsky (1995), "Content as context: The role of school subjects in secondary school teaching", *Educational Researcher*, 24(8), 5-23.

Grossman, P. L. and S. S. Stodolsky (1994), "Considerations of content and the circumstances of secondary school teaching", in L. Darling-Hammond (ed.), *Review of Research in Education* (Vol. 20), American Educational Research Association, Washington, DC, 179-222.

Hallinger, P. (2005), "Instructional leadership and the school principal: A passing fancy that refuses to fade away", *Leadership and Policy in Schools*, 4(3), 221 - 239.

Hallinger, P. and R. H. Heck (1996a), "Reassessing the principal's role in school effectiveness: A review of empirical research, 1980 - 1995", *Educational Administration Quarterly*, 32(1), 5 - 44.

Hallinger, P. and R. H. Heck (1996b), "The principal's role in school effectiveness: A review of methodological issues", in K. A. Leithwood (ed.), *The International Handbook of Educational Leadership and Administration*, Kluwer, Dordrecht, Netherlands.

Harris, A. (2005), "Leading or misleading? Distributed leadership and school improvement", *Journal of Curriculum Studies*, 37(3), 255 - 265.

Harris, A. (2002), "Effective leadership in schools facing challenging contexts", *School Leadership and Management*, 22(1), 15 - 26.

Hayton, P. and J. P. Spillane (2005), *Professional Community or Communities? School Subject Matter and Elementary School Teachers' Work Environments*, IPR Working Paper Series, Institute for Policy Research, Evanston, IL.

Heck, R. H. and P. Hallinger (1999), "Next generation methods for the study of leadership and school improvement" in J. Murphy and K. S. Louis (eds.), *Handbook of Research on Educational Administration*, Jossey-Bass, San Francisco.

Heck, R. H., T. J. Larsen and G. A. Marcoulides (1990), "Instructional leadership and school achievement: Validation of a causal model", *Educational Administration Quarterly*, 26(2), 94 - 125.

Heller, M. F. and W. A. Firestone (1995), "Who's in charge here? Sources of leadership for change in eight schools", *Elementary School Journal*, 96(1), 65 - 86.

Hemphill, J. K. (1949), "The leader and his group", *Educational Research Bulletin*, 28(9), 225 - 229.

Hutchins, E. (1995), *Cognition in the Wild*, MIT Press, Cambridge, MA. Leithwood, K. A. et al. (2007), "Distributing leadership to make schools smarter: Taking the ego out of the system", *Leadership and Policy in Schools*, 6(1), 37 - 67.

Lieberman, A., B. Falk and L. Alexander (1994), *A Culture in the Making: Leadership in Learner-Centered Schools*, National Center for Restructuring Education, School, and Teaching, New York.

Little, J. W. (1993), "Teachers' professional development in a climate of educational reform", *Educational Evaluation and Policy Analysis*, 15(2), 129 - 151.

Louis, K. S. and S. D. Kruse (1995), *Professionalism and Community: Perspectives on Reforming Urban Schools*, Corwin Press, Newbury Park, CA.

McLaughlin, M. W. and J. E. Talbert (1993), "How the world of students and teachers challenges policy coherence", in S. Fuhrman (ed.), *Designing Coherent Education Policy: Improving the System*, Jossey-Bass, San Francisco.

Meyer, J. W. and B. Rowan (1977), "Institutionalized organizations: Formal structure as myth and ceremony", *American Journal of Sociology*, 83(2), 340 - 363.

Norman, D. A. (1988), *The Psychology of Everyday Things*, Basic Books, New York.

Ogawa, R. T. and S. T. Bossert (1995), "Leadership as an organizational quality", *Educational Administration Quarterly*, 31(2), 224 - 243.

Pitner, N. (1988), "The study of administrator effects and effectiveness", in N. Boyan (ed.), *Handbook of Research in Educational Administration*, Longman, New York, 99 - 122.

Portin, B., P. Schneider, M. DeArmond and L. Gundlach (2003), *Making Sense of Leading Schools: A Study of the School Principalship*, Center on Reinventing Public Education, Washington University, Seattle, WA.

Robinson, V. M. J., C. A. Lloyd and K. J. Rowe. (2008), "The impact of leadership on student outcomes: An analysis of the differential effects of leadership types", *Educational Administration Quarterly*, 44(5), 635–674.

Rosenholtz, S. J. (1989), "Workplace conditions that affect teacher quality and commitment: Implications for teacher induction programs", *The Elementary School Journal*, 89(4), 421–439.

Rowan, B. (2002), "Teachers' work and instructional management, Part I: Alternative views of the task of teaching", in W. K. Hoy and C. G. Miskel (eds.), *Theory and research in educational administration*, Information Age Publishing, Charlotte, NC.

Rowan, B. (1990), "Commitment and control: Alternative strategies for the organizational design of schools", *Review of Research in Education*, 16, 353–389.

Sauder, M. and W. N. Espeland (2009), "The discipline of rankings: Tight coupling and organizational change", *American Sociological Review*, 74(20), 63–82.

Sherer, J. Z. and J. P. Spillane (2010), "Constancy and change in school work practice: Exploring the role of organizational routines", *Teachers College Record*, 113(3).

Siskin, L. S. (1994), *Realms of Knowledge: Academic Departments in Secondary Schools*, Routledge and Falmer, Washington, DC.

Siskin, L. S. (1991), "Departments as different worlds: Subject subcultures in secondary schools", *Educational Administration Quarterly*, 27(2), 134–160.

Spillane, J. P. (2006), *Distributed Leadership*, Jossey-Bass, San Francisco.

Spillane, J. P. (2005), "Primary school leadership practice: How the subject matters", *School Leadership and Management*, 25(4), 383–397.

Spillane, J. P. (2000). A fifth-grade teacher's reconstruction of mathematics and literacy teaching: Exploring interactions among identity, learning, and subject matter. *The Elementary School Journal*, 100(4), 307–330.

Spillane, J. P. and L. M. Anderson (under review), "Policy, practice, and professionalism: Negotiating policy meanings in practice in a shifting institutional environment", *Sociology of Education*.

Spillane, J. P. and P. Burch (2006), "The institutional environment and instructional practice: Changing patterns of guidance and control in public education", in H.-D. Meyer and B. Rowan (eds.), *The New Institutionalism in Education*, SUNY Press, Albany, NY.

Spillane, J. P. and A. F. Coldren (2011), *Diagnosis and Design for School Improvement: Using a Distributed Perspective to Lead and Manage Change*, Teachers College Press, New York.

Spillane, J. P. and J. B. Diamond (2007), *Distributed Leadership in Practice*, Teachers College Press, New York.

Spillane, J. P., R. Halverson and J. B. Diamond (2001), "Investigating school leadership practice: A distributed perspective", *Educational Researcher*, 30(3), 23–28.

Spillane, J. P., R. Halverson and J. B. Diamond (1999), *Distributed Leadership: Toward a Theory of School Leadership Practice*, Institute for Policy Research, Evanston, IL.

Spillane, J. P. and K. Healey (2010), "Conceptualizing school leadership and management from a distributed perspective", *The Elementary School Journal*, 111(2), 253-281.

Spillane, J. P., K. Healey and C. M. Kim (2010), "Leading and managing instruction: Using social network analysis to explore formal and informal aspects of the elementary school organization", in A. J. Daly (ed.), *Social Network Theory and Educational Change*, Harvard Education Press, Cambridge, MA, 129-156.

Spillane, J. P., C. M. Kim and K. A. Frank (in press), "Instructional advice and information seeking behavior in elementary schools: Exploring tie formation as a building block in social capital development", *American Educational Research Journal*.

Spillane, J. P., L. M. Parise and J. Z. Sherer (2011), "Organizational routines as coupling mechanisms: policy, school administration, and the technical core", *American Educational Research Journal*, 48(3), 586-620.

Star, S. (1998), "Working together: Symbolic interactionism, activity theory, and information systems", in Y. Engeström and D. S. Middleton (eds.), *Cognition and Communication at Work*, Cambridge University Press, New York, 296-318.

Stinchcombe, A. L. (2001), *When Formality Works: Authority and Abstraction in Law and Organizations*, University of Chicago Press, Chicago.

Stodolsky, S. S. (1988), *The Subject Matters: Classroom Activity in Math and Social Studies*, Univeristy of Chicago Press, Chicago.

Timperley, H. S. (2005), "Distributed leadership: Developing theory from practice", *Journal of Curriculum Studies*, 37(4), 395-420.

Weick, K. E. (1979), "Cognitive processes in organizations", *Research in Organizational Behavior*, 1, 41-74.

Weick, K. E. (1976), "Educational organizations as loosely coupled systems", *Administrative Science Quarterly*, 21(1), 1-19.

Weiss, J. A. (1990), "Control in school organizations: Theoretical perspectives", in W. Clune and J. Witte (eds.), *Choice and Control in American Education*, Volume 1, The Falmer Press, Bristol, PA, 91-134.

Yukl, G. (1999), "An evaluation of conceptual weaknesses in transformational and charistmatic leadership theories", *The Leadership Quarterly*, 10(2), 285-305.

第三章　在变革的世界中领导学习

John MacBeath[①]　英国剑桥大学

　　John MacBeath 所撰写的这一章从描述性和伦理性两个方面对领导力的特征进行了分析。领导学习是激发学习愿望、维系教师参与的一种不间断的努力，需要洞察力和鉴赏力。该章提出了学习领导力的五条原则：1)聚焦学习；2)创建支持学习的条件；3)对话；4)通过支持参与的结构和程序来分享领导力；5)形成责任分担意识。它还讨论了创建学习共同体、自我评估和培训新教师方面的领导力挑战。最后一部分谈到了非正式情境以及正式和非正式混合情境中的学习领导力。这些形式的学习环境在未来非常有前景，而且毫无疑问地给予了年轻人更多的领导力。它们对那个"一个叫做学校的地方"占主导的文献中的专业实践以及专业理解构成了重要挑战。

导言

　　本章从描述性和伦理性两个方面对领导力的特征进行了分析。"领导"和"学习"的阐释多种多样，在很多政策语境中，因为它们很容易一方面和领导地位挂上钩，另一方面又和教育成就的测量相关联而使自身的价值遭到贬低。学习的领导有赖于回到第一原则的意愿和勇气。第一原则就是把领导力和学习看作全新的、检验性的途径，通过这些途径，学校也许会促进或限制儿童所带进来的潜能。学习的领导涉及一种持续的努力，这种努力不仅仅是去保持儿童内在的学习愿望，而且还意味着教师在面对包括竞争性目标在内的残酷压力时,仍然保持一种理想主义。它需要一种洞察力,能够去把握迫使教师、学生和家长回到由常规和传统智慧构筑的舒适地带的力量的本质。学习的领导始终会发问,变革点在哪里,这对于成为一个学习共同体而言意味着什么。它界定了帮助领导者和教师避开政策雷达的特征和适应力。本章的最后一部分谈到了在学校中和学校之外如何领导学习的一些示范性路径,跨越了不同界限,踏进了一个"两难空间",在这个空间中,确定性、一致性和舒适性被转换为自发性、风险性和自治性。

领导力的特征

"领导力"这一术语时常嵌在日常会话的常识之中,因此我们很难会像第一次见到它时用全新的视角去感知它。我们最常用的参照基准是位于组织的金字塔顶端的个体,怀着信念和善意,被授予代表他人行事的既定权威和权力。他或她的合理性依赖于信任,在这种信任下代表他所领导的那些人行事,做正确的事情并且正确地做事。

因此也许可以从两个不同的方面去认识领导力的特征。一方面,领导力是一个描述性的术语,指的是领导这一角色所具有的特征,而这一角色就是"当领导者很好地完成了官方期望他们所完成的工作时他们做了什么"。另一方面,我们认为"特征"具有一种很强的伦理共识。在学校语境下,它被描述为共同体的良知或道德指南,即公正公平地做正确的事情。

领导力在学校层级制度中可能是完全可见的,或者也可能不那么容易被察觉,因为它是散布式的,更多体现为共享的努力而不是机构的权威职位,由那些独自或共同对下属承担责任的领导者自发地制定。外显领导力和内隐领导力两种形态通常存在于一种张力之中,它们由结构的规则所规定,或者通过学校共同体成员所参与的活动流程表达出来。

在学校的外显结构中,"谁是学习者"和"谁是领导者"这两个问题也许只会有一个默认的答案,学校生活的日常实施、课堂的安排设置、可获得和特权的层级,使这显而易见。对于小学新生、研究生新生、新教师或者来访的家长而言,谁学习、谁领导、谁跟从,这些是不需要多说的。当没能发现那些外显的惯例,领导者和学习者之间明显不存在清晰的界限时,这可能会是一个令人不安但却富有启发意义的经验。

不管是由于机构的权威还是个人的权威,领导工作开展得很好的人所具有的一个突出特征是鉴别力,即在学校生活和课堂生活的复杂性和同时性中感知到什么是值得关注的事情的能力。作为教育鉴赏家,他们学会了如何超越先前概念和判断,了解他们所看到的,而不是去看他们已经了解的。他们对学习的本质(学生、教师、组织学习和系统学习)有着深度的理解,并且掌握了学生、教师、组织学习和系统学习之间相互联结的重要本质。

"洞察",也即识透,正如 Abraham Heschel(1969:3)所描述的,它是"对将要发生事情的觉察,而不是对已发生事情的后觉"。以学习为中心、以会发生什么而不仅仅以是什么为中心来认识学校和课堂的这种能力,让我们深刻地理解了为什么我们对儿童的期冀经常失败。有了洞察力,领导者就把握了迫使他们回到由常规构筑的舒适地带的力量的本质,这种力量试图说服他们依赖他们已做的事情,而不是冒险踏入有风险的未知地带。

Hesselbein et al. (1996:78)在谈到示范性的学校领导者时提出,这些领导者的突出优势使他们有能力促使自己离开舒适地带而进入有风险的领域:"他们对他人和想法都保持开放性,即便是在生命中的某一刻他们也许会(由于他们自身的成功)理性地认为自己知晓一切"。有些情况下学生对某些事情的认识要超过他们的老师,后者就需要某种程度的谦虚和意愿,去向那些比他们更年轻、更小、没那么有能力的学生学习。

用一种新的、更清晰的眼光去看待我们自己的实践不是一种令人舒服的经验,因为我们会更准确地意识到在事情是怎样的和我们希望事情是怎样的之间存在着差距。很少有领导不希望自己的学校成为儿童身处其中的更好的场所,很少有教师不希望自己的课堂成为自己和学生身处其中的更激动人心的场所。但是我们面对着一个悖论,那就是在给资深的领导者和教师带来影响的那些不足中,成功会成为变革的敌人。Peter Senge 在 1990 年写道:"成功是最大的失败",他指出与竞争优势、漂亮的报告、高评分和顺利完成任务(boxes ticked)相伴而来的是志得意满。

有了洞察力,就能对政策的变幻无常做出识别和反应。用 David Hargreaves 的话来说,这需要"避开雷达"的能力和勇气。关于苏格兰的学校领导者的一项研究(MacBeath et al.,2009)提出了五种自我界定的类型:"忠诚顺从"、"谨慎实际"、"低调自信"、"高度专断"以及自认为的"挑战性风险承担者"。后面这些类型是将自己视为规则打破者,他们由他们的道德良心和他们所坚信的正义所驱使,对学校的领导既不谄媚奉承也不傲慢自大。他们愿意去做他们认为正确的事情,完全知晓违抗政策命令的风险和后果。他们的自信(用一位领导的话来说,"你不能吓唬我,我有孩子")让他们有信心去看到什么是重要的,并且有信心在急迫的政策命令下行进在自己的路上。

同时,喜欢冒险的领导准确地意识到他们对于他们的雇主以及那些他们通过权威控制的人们所承担的责任。在使外部责任和内部责任达到平衡的努力中,领导力面临最棘手的两难处境,即解决那些威胁到转型时变革雄心的限制性因素。一位试图同时做好管理和领导,将外部压力与学生需求第一立场相统一的英国校长这样形容这种两难处境:

> 有三把枪对着我的脑袋:一把是必须让学校做好迎接巡视员的下一次来访的准备,因为我们是正处在"特殊审查"①(Special Measures)状态下;第二把是必须向当地权威部门进行示范展示,因为他们威胁要关了这所学校;第三把是必须提高达标的分数,这样我们能够摆脱现状而成为"一所能存在于挑战性环境中的学校"。然后是一些小事情,就是日复一日地努力领导和管理学校,以及满足我们的学生和社区的需求(Frost,2005:76)。

学生需要什么,对此有各种阐释,试图同时去界定和迎合这些被感知到的需求是一个野心勃勃的目标。"需求"不仅仅是复杂的、矛盾的、有争议的,而且试图要满足它

---

① 特殊审查是英国公共教育服务机构的监管部门对不能提供符合规定标准的教育的学校颁布施行的一种特殊状态。被列入特殊审查状态的学校将会受到监管部门的定期检查,监督其是否得到改进。在此期间,学校高级管理层和教职工可以被解雇,校长由一个执行委员会代理。如果一段时期后情况仍未得到改善,学校可能会被勒令停办。——译者注

们还需要谨慎和妥协。但是,将学习放置于首位的推动力越强,将领导者推回已知和熟悉,调停他们的雄心抱负,提醒他们敢于另辟他径需要付出的成本的那种浪潮似乎就越残酷。

在最深刻的意义上,理解和领导学习需要回到关于学习的本质、目的、步调和境脉这个第一原则或第一公理上,随之出现的问题是:这种努力会在多大程度上适应我们所称之为学校的这种机构身上的那些约束性影响?它意味着要有能力见所未见,问所未问,并有能力处理学校代代相传的教育财富。领导力不仅仅意味着深刻的个人洞察力,还意味着具有帮助他人共享这些洞察以及觉察他人所带来的洞察的能力。

学习领导力的五条原则

学习领导力是 2002 年 7 个国家(澳大利亚、奥地利、丹麦、希腊、挪威、英国和美国)共同签订的一项协作研究的共同主题(MacBeath and Dempster, 2008)。在三年的研究期间形成了五条通用的原则。经过理论研讨,加之经过学校和课堂实践的检测后的重新修订,这五条原则被证明具有强大的应用性,从个体、集体、组织和政策层面将学习与领导联结起来。

五条原则的第一条原则是聚焦于学习,这是掌握其他原则的关键。聚焦于学习,简单来说是经济的、强有力的、具有挑战性的,但其启发意义却远非于此。聚焦于学习意味着将学习置于一切事物的中心。这不仅仅是指学生,同时还包括一所期望成为一个学习共同体的学校的所有成员。

一旦将聚焦点放在学习上,那么第二条原则便自然出现了:创建支持学习的条件。第一条原则假定了支持所有人的学习这一文化,它提供了对学习的本质、技能和过程进行反思的机会,也提供了激发和开展学习的物理空间和社会空间。安全的和有保护的环境中配备着的那些工具和策略能够提升对于学习以及对于教学实践的思考,使得每个人都能够承担风险,面对失败,积极应对挑战。

第三条原则是对话,它是以前两条原则为基础的。会话产生并保持着对学习的聚焦,也产生和保持着一种学习的文化,在会话中,"学习领导力"实践被外显化,变得可讨论和可传输。它的影响是通过积极的同伴探询（collegial inquiry）来得以判断的，这种探询通过价值观、理解和实践的分享，达成了对目标的共识。

当一所学校发展成为一个学习者共同体时，它同时也成为一个领导者共同体。因此第四条原则提出，"促进学习的领导力实践涉及领导力的分享，在这种分享中，组织的结构和程序支持了参与"。共享领导力体现在学校中每天的各项活动中。每个人都被鼓励去承担起与任务和境脉相适应的领导。教师、学生和家长的经验和专长被用作有价值的、动态的资源。跨越学科、角色和身份的界限开展工作和活动的协作模式得到了推崇和促进。

在这种协作的环境中会形成一种责任分担意识——这就是第五条原则。内在的、彼此的责任感是对外部机构负责的先决和前提条件，国家政策的解释、采纳或改动可以与学校的核心价值观相一致。学校选择如何讲述自己的故事，通过对可持续性和传统传承的持续关注来对政治现实负责。

将五原则镶嵌于学习共同体中

如果一位新教师加入的是一个真正的学习共同体，其中这五条核心原则都镶嵌在实实在在的日常实践中的话，那么这位新教师是非常幸运的。在这种文化中，学习得到了示范和鼓励，同时也存在着需要持续探究的问题，这种风气给予教师以能量和启发，使他们自己的学习路径得到了认可和支持。新教师需要一种支持并从中获益，这种支持能够进入他们的智慧和情感的参照系，并能够帮助他们延展他们的经验所构筑的疆界。

McLaughlin 和 Talbert 在 2001 年的一项研究中指出，在这种共同体中，教师通常感到被赋予了更多的权力，并认为自己的工作是有意义的。他们证明了自己是学校的一分子，比起那些在较弱的专业共同体中工作的教师而言，他们拥有更高的职业满意度。国际上有充分的证据表明，如果没有同伴的支持，没有能够促进专业学习条件构建的领导力，没有很强的互相的责任感，压力、不满和消耗的比率就会更高。教师在对学习目标达成共识的情况下一起工作，能够更有效地站出来应对摆在面前的挑战，而当学校员工参与到"一种凝聚人心的、合作的组织氛围"中时，学生便直接体验到了一种健康的人际关系特质(Ingersoll,2003:194)。

领导力面临的挑战是帮助教师为学生示范作为一个学习者意味着什么,始终呵护学生们所带来的那种探究和创造的本能,这是教师的职责。能这样做的领导认识到,培养学生的适应性和乐观性依赖于教师自身也拥有一个可用的人力资本和社会资本库。他们同时还清楚地意识到,不是所有的教师都具有同样的能量去维系受挫的目标。不是所有的教师都能长时间维持高位的能量,也不能日复一日面对着挫折和失望而重燃激情。意识到教师的需求和学生的需求,应该优先考虑在区分性的支持和挑战之间做出平衡,使得分布式的、同伴式的领导力表达成为可能。

虽然在踏入这个专业之际,教师对成为一个更有技能、更有效的教师充满着奉献精神和开放性,但是如果没有新的挑战和新的目标给他们带来刺激,让他们重振旗鼓,他们很容易在外部驯服的压力下甘于平庸,向那些看似不可避免的事情投降。就此而言,踏入这一专业需要彻底的重新评估,正如O'Connell Rust所说,这表明了职前教育在破坏惰性观念方面是不起作用的。他指出,新教师"很有可能在离开我们的(职前教育)项目时,原封不动地带着他们根深蒂固的信念,准备按照他们作为学生时从观察他们的老师中学到的经验去教学"(1994:215)。这么多年的问题是这些新教师是"局内人"(Hoy and Murphy,2001),他们的教学观念源于他们自身的经验,因此他们回到学校踏上工作岗位时,他们对教学的记忆和先前概念通常没有受到高等教育或教师培训学院经验的影响。他们也许会感到他们根本不需要去"发现"课堂或用新的眼光去看课堂,因为他们已是如此熟悉这一领域——他们过去十二年甚至他们生命中的那么多年都花在了类似这样的地方(Pajares,1993)。

那些领导者所面临的一个持久的挑战是如何去解决教师所相信和所期望的与教师日复一日在他们的课堂里真正做的这两方面之间的断链。正如Joyce和Showers(2002)所说,让教师知道应该做什么是很容易的,但要让他们能够去做就要困难一些,而最难的是让他们将之融入到自己的日常实践中。Mary Kennedy(1999)把这一问题概括为"实施问题",即教师在将一些理论转化为有效的实践和一致性的行动时面临的困难,他们赞同这些理论,却难以把在理论上的看似正确与真实环境中的正确这两者之间建立起关联,转化为有效的实践性和一致性的行动。这种断链的存在很可能是未被认识到、未被理解和未被解决的,除非教师感到他们自己是一个学习共同体的一部分,而在这个共同体中这些问题都是明晰的并且可以开放讨论的。

那么领导者如何创建一个"共同体",而让共同体的氛围能够使得这些问题得到探究呢?他们如何能把那些张力和内隐的理论表面化呢?这些张力和内隐的理论不仅仅与新教师有关,也许甚至更深地印刻在那些工作多年的教师身上,他们耗费了自己的时间,对他们而言"迫切要学"已不再是对他们的要求。如何能够让他们参与到那些挑战和拓展他们的知识库,并提供同伴支持和鼓励的任务中,从而维持——或者对其他人来说,重新点燃将他们引入到教学中的理想主义?那些新进入教学专业的教师很多是职业中期人士(mid-career entrants),拥有教育领域外的工作背景,习惯于在团队中工作,因而感到了在社会隔绝状态下工作的困难,这种社会隔绝常常切断了教师的同伴支持这一重要来源。当教师关上了教室的门,拒绝同事的进入时,他们也就把自己关闭在自身的学习和专业拓展之门的外面。他们所屏蔽的这些来源和机会在日本、新西兰和新加坡这些多元的国家背景下都被证明是强有力的。

全美教学与美国未来委员会(National Commission on Teaching and America's Future)(NCTAF, 2003)在十年前的报告中指出,如果一种文化创造了与同事一起反思,并在有经验的指导教师的支持下反思的机会,这种情况下,教师更有可能继续留在教学专业,更有可能在关键的过渡时期继续学习(在第一年,期待他们将关于教与学的理论带进并融合进课堂实践),并且在帮助学生学习方面将会更有效。

在瑞典,Birgitte Malm 关于未来教师必备的能力和素质的描述,成为了关于信念和情感在成为一位教师过程中的关键作用的广泛讨论的一个起点(2009)。她提出了六大新能力:

- 发展教师创新性思维和反思性思维的能力
- 提升批判性思维
- 提高教师的哲学意识和教学法意识
- 强调教学的认知方面以及情感方面
- 训练教师的移情能力和人际协作能力
- 发展对于将教学视为一种道德伦理专业所蕴含启示的个人理解

这让我们想到,能够促进共治(collegiality)质量的领导力最有可能实现这六大目标。它还促使我们思考,起初教师是如何踏入这一专业,以及随着时间的流逝,领导者为维系教师的专业主义采取了什么措施。如果没有机会去解决教学的情感智力的问题,没有机会对惯习智慧进行反思和批判性的重新评估,那么教师将会仅仅是复制现状,甚至更让人烦忧的是,他们会退回到那个被认为是高标准的、教师教学生学的神话般的黄金时代所采用的教学法。

用 Hampden-Turner 的术语来说,对领导者而言,关键而有争论的问题是去理解和管理一个"两难空间"。这个"两难空间"发生在岩石和涡流之间,发生在已知和熟悉的推动力与一个不确定的未来的拉动力之间(2007)。岩石代表对一致性、可靠性、绩效、竞争和透明性的推崇,它和涡流所代表的对选择性、多元性、动态性、自发性和自主性的推崇相对立。他指出,如果不能成功地解决确定性与不确定性之间、个体性与集体性之间、过往的舒适与未来的风险之间的张力,就不是成功的前瞻性领导。

如果能够击败惰性观念,培育洞察力,重新激活能量与奉献精神,那么学校中将会充满自我评估、反思和赞赏的机会,在其中学习的倾向和行为被视为标杆,并得到可视化和内化。通过深深地嵌入在课堂生活的每日常规中的探究文化和自我评估文化,学校拥有了去确信地揭示什么阻碍了逼真的学习的力量,而且随着行事感的增强,能够去展示事情如何得以不同(Aguerrondo and Vezub,2011)。

自我评估:学习共同体的一个标识

"自我评估"这一术语被给予了如此多的意义,并且被如此多的政治利益拉拢,而这一强大概念所预示的反思和对话这一深层含义却没有被把握到。在最佳的实践中,自我评估指的是领导者致力于创建一种氛围的过程,在这种氛围中,教师和校长都能够踏上智力和道德的旅程,测量他们行进的距离,而不是用很少汇报深度学习情况的通用的总结性测量方法。与通用的总结性测量方法相反的是,逼真的、专业驱动的自我评估工具是置于社会的境脉中的。它们聚焦于学习和促进学习的条件。它们鼓励对话。它们使得对领导力和责任的本质的批判性反思成为可能。

在那些自我评估已经落地扎根的国家,由于有预见性的领导,在学校中教师敢于冒险,勇于承担风险,并掌握了自我评估的工具,这些工具主要用于形成性的目的。教师愿意去采纳和适应那些他们视为触及学与教的核心的工具,面对新的情境和新的挑战具有相宜性、灵活性和适应性。但是,这些工具不仅仅适用于对课堂中发生了什么进行评估,也不仅仅适用于对学生学习进行评估。它们还适用于教师、组织和领导力的学习。它们会测量教师如何发展自身的思维和实践,学校如何发展成为一个学习者共同体。责任不再是一种令人惧怕的东西,相反却让人喜爱,因为它成为了一个有着深刻的证据支持的故事讲述平台。

用卢梭(Rousseau)的一句名言来说,进行自我评估的教师"用浪费时间的方式节约了时间",他们把时间花在用于和学生一起探索学习的本质、过程和奇妙之处,发现通过学生对如何、何时、在哪里、和谁、为什么学得最好的深度把握,他们那些"浪费"的时间得到了补偿。学"什么"曾经是学习的决定性特征,以及教师学科身份的决定性特征,现在已经在社会变革这一不可阻挡的推动力下让位于"为什么"、"如何"甚至于"哪里"和"何时"。至于"为什么"学习的问题,要是在过去,这将会给这位莽撞的学生带来很大的麻烦,但今天这一问题已经更加合法化甚至欢迎人们进行探讨了。"因为我告诉过你"这种说服性的反应也不会再有了。

这六个疑问式命题提供了用于进行自我评估的一个简单但却具有很强的生成性的框架,有时可以概括为"5W 和 1H"。在学校领导者和教师参加的工作坊中,我们要求他们排出这六个问题的优先级别,结果关于学习"什么"的问题经常被排在了最后。"谁"这一问题被认为可能是最关键的,它不仅仅涉及家长和教师,同时还涉及兄弟姐妹和同伴。同伴(或"成分")效应是一个得到广泛研究的现象,"你和谁一起去上学"已经反复地被认为是家长为子女做出选择的一个重要的决定性因素。"哪里"和"何时"涉及社会境脉的问题,可以放开探讨课堂学习的本质与限制、家庭作业的生态,以及虚拟世界中任意时间的学习所带来的日益增长的影响。这又带来了"如何"的问题,技术的参与以及横向网络学习如何成为课堂学习的传递型主导模式之外的另一种选择。还有就是很少被提及的但对有些人来说却是最重要的问题:为什么?

为了探究"如何"和"为什么"的问题,Geert Hofstede 在全世界的学校系统中进行了调查,以评估机构权力的相对使用问题,并测量位居领导职位的人们迎接挑战并利用附属于他们角色上的女性和男性的性别身份的意愿(1991)。他感兴趣的是,问谁,谁来问,对正确答案和错误答案施行的制裁等,不同的社会是如何来设置参照系的。他把领导力的一个关键方面描述为"忍受模糊性的能力",用以反对对于正确答案的需求。和不确定性与模糊性在一起也许是一种痛苦的体验,但它能提供自我评估的动力。对一个学生而言,外部的监管与自我的评估相比,后者"让你知道问题关键之所在"。

关注学生的声音已经成为过去二十多年来许多国家进行自我评估的一个日益明显的特征。在新西兰(源自本文作者的访问,是 OECD 一份评论的一部分,参见 Nusche et al.,2011),学生被认为在他们学校质量的评估以及帮助外部进行评审中发挥着关键作用。"声音"不仅仅充分表达了自发的或未受训练的反馈,而且同时有一种形成性的意图,即帮助年轻人在深入理解评价、评估和评审语言的情况下,来表达他们的关注,并为他们提供带着自信和深思熟虑的批判来清晰阐述自己观点的机会。新西兰学校的经验表明,这些问题得到了认真的对待,教师也让他们的学生掌握了对教学法、什么造就了好的学习,什么造就了一所好学校等进行敏锐的讨论所需的技能和词汇。新西兰这个国家非威胁性的本质、对好的实践的积极聚焦、对分歧性声音的接纳、学校自身的改进努力以及自我评估最主要的形成性特征等也许可以解释该国教师和教师组织对自我评估和外部评审所持有的普遍积极的反应。

在香港,教育领域中的权力距离鸿沟逐渐收缩,这在很大程度上是因为镶嵌在学校实践中的自我评估,以及对学生声音的尊重。十年来一个持续的过程见证了对学生能够带来洞察力的认可。通过 360 度的自我评估,学生向教师所作的反馈以及教师向高层领导者所作的反馈带来了真挚的自我反思和教学的转型。现在,最优秀的学校的特征就是由跨越不同部门的教师、中级管理者和高层管理者(有时还包括学生)组成"学校改进团队"(School Improvement Teams)——也就是学习的共同领导者,提供协作备课、课例研究、同伴评估(MacBeath,2009)。

一位香港的校长告诉我,他把他第一年的时间用来进行"倾听、学习、感受、体验文化",和各种利益相关者进行对话,每天午饭时间邀请不同的学生群体或教师群体到他的办公室进行会话。只有当他感到他已经获得了他们的信任后,他才开始鼓励教师

"勇敢地出发",去向自己的同事和学生学习。通过识别学校和课堂生活中那些提升学习的"满意因子"(satisfiers)及对动机和参与产生破坏的"不满意因子"(dissatisfiers),促进了专业发展。在深入理解这些阻碍性力量的基础上,自我评估工具的开发会考虑到将教师的经验与他们自身的课堂、部门、学校、当地近邻社区、当地政策与全国政治以及无形之中触及教师日常工作的国际标准议程组织编织在一起。

在 Pasi Sahlbergd 的一本新书《芬兰经验》(*Finnish Lessons*)(2011)中,他指出了教师的集体性、教师对挑战的接纳、教师的实践的关键本质,以及对教学的交流至关重要的前提条件。他提出,芬兰的高绩效的教育体制归功于采用了与大多数西方教育体制相反的政策,后者建立在标准化和处方式、移植企业界的管理模式、高风险的问责政策,以及控制和惩罚式监管的基础上。

> 当芬兰教师正在探索知识和学习的理论基础,并重构自己的学校课程以使之与自身相一致时,他们在英国、德国、法国和美国的同伴们却在和增强的学校监管、外部施加的富有争议的学习标准、干扰到一些教师以致他们决定离职的竞争进行抗争(Sahlberg, 2011:5)。

改变学习的境脉

我们如何看待"高绩效系统"依赖于我们把什么视为教育的目标,以及我们对儿童和教师抱以怎样的期望。由于学习的境脉得到了拓展并且变得多样化,什么会被视为有价值的绩效也必然要发生变化。关于学习和教学境脉的改变,Mayer、Pecheone 和 Merino 写道:

> 迎接课程期望和更多元学习者的挑战,意味着教师必须更加熟练地理解境脉和学习者变量对于教与学的影响效应。教师需要具有更加熟练地评估教学情境的能力,以及在不同的情况下都能有效地做出教学反应的能力。(2012:115)

随着信息爆炸的加速,获取信息的方法越来越方便,教师的角色和专长从知识(或信息)的提供者转向了中介者和学习者。在"知识社会"中,创建新的理解方式所需的技能成为重点。

> 这些是诸如问题解决、沟通、协作、实验、批判性思维和创造性表达之类的技能。这些技能本身成为了课程的目标,以及新的评价方法的对象。也许对学生而言,最重要的目标是能够创建他们自己的学习目标和计划:确认他们的已知,评价他们的优点和不足,设计一个学习计划,专注于任务,跟踪他们自己的进展,立足于成功并调整自己以适应失败。这是一些能够用于参与学习型社会的贯穿一生的技能。(UNESCO,2012:17)

"在不同的情况下"这句话所表达的意思超出了它的本意,因为事实上它挑战了课堂的固定模式,挑战了由拥有知识的教师来教无知的学生这一传统。它使我们能够更进一步地审视行为模式的本质和"建筑工地"(construction sites)的本质。行为模式即人类对于在其中发现自身的物理环境的习惯性的反应。"建筑工地"指的是通过我们所处的场所和与我们互动的人们来"构筑"学习的方式,这些与我们互动的人们可能会限制也可能会促进我们学习的愿望和学习的决心。

学校教育外的学习

约翰·杜威(John Dewey)指出,学校中的成功并不能保证"在新情境中聪明地行动的能力"。"有多少学生被认为是对思想毫无兴致?""有多少学生因为他们所体验到的学习方式而丧失了学习的动力?"(1938:7)

如我们所知,学校最显见的失败是将学习孤立地隔离开来,学校学习由此限定于课堂中,而面向生活的学习却是发生在课堂之外的。杜威关于儿童在学校中把握特定领域方向所需的"特殊技能"的先见之明,现在得到了实证证据的支持。证据表明,这种引航式的"知晓如何做"的能力(navigational know-how)是区分学校中的成功者和失败者的最重要的因素之一。Gray 及其同事（1999）将之描述为"策略"学习，它是深度学习和有意义学习的一种形式。

在 2010 年阿拉伯联合酋长国的一次会议上，牛津大学学者 Baroness Greenfield 报告了十一岁的学生如何使用他们的时间：在一学年中，900 个小时在学校，而 1 277 个小时在校外，1934 个小时用于虚拟世界，前者在后两者面前黯然失色。可能比花费在不同情境中的相对时间数量更重要的是在不同境脉下的学习活动的本质。与课堂学习相比，非正式环境中的学习显现出一种社会性、自发性和探索性的主要特征。学习游泳、骑车、弹钢琴、看地图、在不熟悉的领域航行、领导团队、解决问题，所有这一切都受益于特定的共同特征，即，它们镶嵌在各种关系之中，以学习者为中心，关注技能和倾向，它们是境脉化的，富有乐趣但也蕴含风险，提供支撑但也具有挑战性，既放松也紧张，年龄界限不那么明确。

正如 Gardner、Perkins、Dweck 等所提出的，学习从结构化的、教师引导的课堂环境中向非结构化的、模糊不清的"开放领域"中迁移的成功率是非常低的。David Perkins 在 2008 年 3 月斯特拉斯克莱德大学（Strathclyde University）的一个讲座中指出，这是由三个方面的因素造成的。第一，学生必须能够指出问题。第二，他们必须有想去接触该问题的动机。第三，他们随后还需要有能力选择和利用最恰当的工具来解决这一问题。在《未受训练的心智》（The Unschooled Mind）（1991）一书中，Howard Gardner 报告了在大学生中的类似研究结果。他发现，物理系学生如果被放在一个与他们首次接触问题的境脉有些不同的境脉中，他们甚至不能解决最基本的问题。即便是成功的学生，他们对问题的反应和年幼的儿童一样，都有着困惑和迷思概念，回复到了他们在儿童时期形成的自身内隐理论。

课堂上大多数问题的解决，是由教师呈现问题，并且常常也由教师提供问题的解决方法。心理学家 Robert Sternberg 描述了一种学生，他们进入大学时聪明活泼、受过良好的学校教育、考试成绩出色，但是他们却没有 Sternberg 所说的那种在生活中非常重要的实用性、创造性和成功性的智能（Sternberg，2007）。Gardner 重新研究了他自己提出的著名的七大智能后，又进一步增加了第八项技能，他将之称为自然（或环境）智能，即在课堂的封闭环境之外的复杂社会世界中，发现自己的路径并协商出一条路径。

要能真正应对学校之外的世界,儿童和年轻人必须发展情境特定的能力形态。在学校中,学习是更加一般化的,创建了一种 Carol Dweck(1986)所说的"很少能从学校内直接传输应用到学校外"的情境。她进行了如下的比较:
- 学校里是个体认知,而学校外是分享式认知
- 学校里是纯粹的心智活动,而学校外是工具操作
- 学校里是符号操作,而学校外是境脉化的推理
- 学校里是一般化的学习,而学校外是情境特定的能力(1986:12)

我们对发生在学校之外的学习的本质和过程了解得越多,我们就越没有理由假装仅凭学校和教师就可以修复社会和经济对家庭生活和对尚未出生儿童的影响。由于政治的需求逐渐使得学校更加有效,更加负责任,更加透明化,因而压力更多地落在了学校领导者的身上,他们要去证明是教学在起作用,而不是环境、家庭、社会经济地位、文化、历史在起作用。与此同时,他们认识到为"其他学习经验"培育机会的极度重要性。

在香港,15%的课程现在必须让位给"其他学习经验"(other learning experiences, OLE),当教师与年轻人一起在没有课堂境脉那么熟悉的或者结构那么紧密、规定性那么强的境脉中开展学习时,例如,社区项目,访问中国澳门、新加坡或中国大陆等,教师证明了这对他们的知识和专业专长的深刻影响。在其他的例子中,这是一种释放自由的体验,教师不是被固化为教师/告知者的角色,而是可以不知道,可以不是专家或最终的权威。对一些 OLE 的评估发现,学校领导者最突出的特征是一种能力和视野,这种能力和视野将"其他"学习经验不仅仅看作是附加的课程活动,或者甚至最坏的是将之视为学校真正的教学工作的无聊干扰。反之,最优秀的领导者将 OLE 看作是最重要的火把,它激发了好奇心、发明创造和新的动机,并重新激活了课堂学习。

评估发现了学校学习和校外学习之间的一个内在悖论。当问起进入到最后两学年的高年级学生关于 OLE 的看法时,结果获得了一些负面为主的评论。随后问起他们关于上一周在学校的情况,让他们在一张 A4 纸的中间划出一条横

线,然后在线的上下两边分别写上他们觉得最有趣的学习经验和最无趣的学习经验。大多数情况下,"线上"写的都是关于 OLE 的方面。这一点被意识到以后,年轻人也感到了惊讶。但是有少数人做到了两者的联结,并在很大程度上将他们学校的领导质量,归功于教师和学生自己的领导,而不仅仅是高层管理者的领导。他们还能够理解"深度学习"的概念,能够自信地谈论他们自己的元认知活动以及没有"固定围墙"的教育。

没有围墙的学校

在虚拟世界被发明出来的二十年前,学校外的世界为终身学习提供了另一个领域。费城的公园大道(Parkway)是一个有效替代课桌前学习(desk-bound learning)的形象案例。这些公园大道是贯穿费城城市核心地带的中心干道,围绕着构成城市生活的那些事物,提供了学习一个整体课程的学习空间。没有学校建筑,课堂就是城市,学习的隐性资源都是一手资源。这不仅仅节省了用于学校建筑、教材、管理和所有配套设备上面的耗费了教育预算最大部分的数百万经费,而且能够说明年轻人具有更大的能量去开展创新行动,这种能量要超过学校对他们的信任。

在二十世纪七十年代,公园大道模式激发了苏格兰两所中学的创新行动。两个班级的年轻人在中学三年级的第三学期,围绕着英国格拉斯哥(Glasgow)城市内外进行了一次愉快的学习体验,他们没有在学校学习,但是凭借他们自己贯穿全城的旅程去学习他们自己选择的目的地。这些目的地包括汽车协会(AA,Automobile Association)、救护服务站、医院、汽车制造车间和汽车市场、制造企业、商店和农场、苏格兰国家管弦乐团、格拉斯哥大学天文台、皇家海军、动物园、格拉斯哥博物馆,以及美术馆。这些站点不只是接待了年轻人,同时还和他们一起,构建了一致性的、结构化的、个性化的教育项目。

另一个苏格兰的探索项目对没有围墙的学习进行了彻底拓展。这个项目是"认识学校"(*Learning School*),现在已经开展了十五年。它将来自全球学校中的学生聚集到一起,在苏格兰设得兰群岛(Shetland Islands)提供一个为期四周的导入课程,随后将这些年轻人送往世界各国,让他们自己或教师支持很少的情况下开展为期九个月的探究历程。他们的任务是评估所到那些国家的学校生活和学习。在项目进行的十四年中,这些国家(或地区)包括德国、瑞典、捷克共和国、南非、韩国、中国香港、日本、新西兰和美国。在每一个国家或地区,这些年轻人和寄宿家庭一起生活四周,体验邻里生活和社区生活,跟随当地的伙伴一起去学校学习,然后在一个包含评估策略的工具包的帮助下,在居住的最后阶段给这所学校编写和展示一份报告。

他们经验的成果之一是共同编撰的一本书《全球课堂的自我评估》(MacBeath and Sugimime, 2003),在这本书里他们描述了自己遇到的一些挑战。这些挑战主要有两个方面。一方面是从学生的眼光来对学与教进行批判性的解释是受人欢迎而且富有启发意义的,但是对教师来说,从这些小研究者那里听到这些反馈是有些让人不舒服的。更难处理的另一方面的挑战是如何对待家庭的价值观和期望值,这些是令人心烦的。例如,住在一个南非小镇一个黑人家庭里的苏菲(Sophie)讲述了第一天当和她同龄的寄宿家庭的女儿表达她对白人的憎恶时她感到的震惊,这对苏菲来说是一种震撼,她以前从未需要面对这种赤裸的种族主义。这一经验帮助苏菲反思她自己的偏见,承认她自己源于偏见的无知,并开始重视这种残酷的经验,正如她写的那样,"生命中的重要一课"。16 岁的 Jolene 用这句话概括了她的经验:"这十个月里我学到的东西可能和我过去十三年里在学校里学到的东西一样多"。

在这些散漫的、不固定的境脉中,谁来领导学习?我们从"认识学校"里学到的一个最深刻的教训是,年轻人潜藏着在大多数挑战性的、不可预知的情况下出色地应对领导力挑战的能量。该项目大胆的创建者 Stewart Hay 拥有一种愿景和一种令人惊叹的信仰行为,他相信一旦给予年轻人以领导的行事权并让他们承担起来,他们在面对新障碍和有时是强大的障碍时将会迅速学会领导和分享领导力。他们遇到的情境和他们面临的障碍要求他们重塑自己的身份,将自己不仅仅看作学生和"他人智慧的消费者",而且还要看作是他们自己和其他学生学习的领导者。

在每一个几乎每天都会遇到的新挑战或危机中,他们在分享式领导力的实际锻炼中发现了自己的解决方法。正如 Stewart Hay 所证明的,过去 14 年中,150 多名准学习领导者们没有哪个让他失望或是辜负了对他们的信任。来自设得兰群岛(Shetland)的一位 16 岁学生在总结中写道:

这一年对我们所有人而言都是一种巨大的教育，一个几乎是垂直向上的学习曲线。我常常担心没能利用这次机会学到那么多我能学到的，但如今在不断回望这段特定的旅程之后，我能够看到，从自己的眼睛向外去观察和感受另一种文化，是如何使自己在不经意间学会了无尽的东西。它是一个人能够曾经拥有过的最好的教育工具。通过直接的体验，它教会了那些学校永远不会教的东西，满足了我们想理解我们身处其中的世界的渴望。这一年给了我一种继续从学术上检验自己和对不同的社会、文化和人们拥有更多意识的真实渴望，同样我确信对于每一个"认识学校 2"项目的人来说都是如此。（Colin，in MacBeath and Sugimine, 2003:36）

"满足了理解世界的渴望"是一句意义深远的表述，与这些年轻人的学校经验相对。他们的学校经验最多是提供了看待世界的一种方式，并且往往同时还需要为了考试而复制一个压缩版本。一个 16 岁的韩国学生，在"认识学校 3"项目结束的一次剑桥会议上充满感情地发言，描述他如何在十年的学校教育之后第一次发现自己的声音。专心刻苦的学习、课后的死记硬背、辛苦的应试，既没有留给他时间，也没有给他为自己而思考的动机，也没有对从他老师那里获取的智慧的质疑。

一所儿童的大学

校外学习所具有的力量没有比"儿童大学"（Children's University, CU）项目阐释得更好的了。现在已是项目的第四年了，它的网站这样描述自己：

"儿童大学"旨在促进社会的流动性，为 7 至 14 岁儿童（以及有家人陪伴的 5 至 6 岁儿童）提供高质量的、令人振奋的、创新性的常规学校时间之外的学习活动和经验，并将更广泛的社区纳入进来作为学习伙伴以实现这一目标。本项目的核心是致力于培养年轻人的志向，提高他们的成就，培育他们对学习的热爱。无论他们的出生背景如何，他们都能够最充分地形成他们的能力和兴趣。

对儿童来说,这一目标意味着自愿地参与各种高质量的校外学习活动。这些活动被称为"学习目的地"(Learning Destinations),它们将儿童带入新的学习地点和学习经验中。这些活动经过"儿童大学"项目认证,并遵循"学习规划"(*Planning for Learning*)这一国家框架。该框架为在诸如美术馆、港口、车站、机场、庄园和花园、DIY集市、城市观光线等非正式环境中的学习提供了一个质量保障指南(MacBeath and Graus, undated)。儿童对他们自己的学习承担责任,为"毕业"积累学分。英国资格与课程管理委员会(Qualifications and Curriculum Authority, QCA)的前主任 Mick Waters 在与 Bangs、MacBeath 和 Galton(2010)的一次未公开发表的访谈中,强调了"儿童大学"项目中学习的自愿性和积极的本质(引自 MacBeath,2012:18)。

> 当儿童做着自然的事情,我们由此帮助他们跨越门槛时,儿童的学习是最佳的。他们动手、制作、修理,他们敢于冒险,他们制作喜剧和表演、演奏乐器、说不同的语言,他们种植植物,善待生物,进行收藏。这都是一些通道,教师将之变成了通向一个更光明的未来的十字旋转门。"儿童大学"通过向儿童展示学习如何能够成为一个挑战性的但却充满乐趣的时间组织方式,以及学习如何能够使得变化着的视野无可阻挡,致力于为儿童提供一个更加光明的未来。

截至 2012 年 4 月,英国已有 80 个地方性的"儿童大学",其中有 3 000 多所学校和学园,100 000 多名儿童,总出勤时间正好多于 200 万个小时。儿童们访问了全国 175 个"学习目的地",并在他们的"护照"上盖章证明,为毕业积累了学分。"儿童大学"里举行的毕业典礼由副校长主持,用来庆祝 30 小时、60 小时、90 小时或 120 小时的所获学分。这些正式的场合让来自不利背景的儿童及其家长了解了一所大学是什么样的,并将他们带上了通向这一从未曾梦想过的目标的道路。在颁发的 250 000 张护照中,遗失率约为 2%,这比真实的成年人国际护照的 17% 的遗失率要好很多。

"儿童大学"的一条重要原则是自愿参与。它有意要与学校区别开来:不同的风气,不同类型的活动,教职员工和伙伴小组成员也常常不一样。对"儿童大学"效果的最终检验是年轻人愿意花费时间来参加,而且他们开始认识到学习可以是"通向生命中更美好的地方的一个卫星导航系统"。随着学生的参与和贡献持续增加,他们开始在形成关于未来活动的想法方面发挥更加积极主动的作用,并对承担领导力产生了更大的信心。但是,只要"儿童大学"被认为是学校的对立面,或是对学校的抗衡或者替代,那么留给系统变革的空间就小了。对"儿童大学"成功进行评估的一个关键测量方法必须是看它在多大程度上反哺了课堂经验,并且帮助建立起学校内外的学习与领导之间的桥梁。

校外学习的潜能释放得越多,就会有更多富于想象的和不可预测的结果,也会对儿童课堂经验的本质带来更大的挑战。"学习目的地"名单上新增了一个地点,这个地点是一个墓地。在一个墓地里,什么样的问题可能会被结构化的、聚焦的探究激发出来并得到探索呢?家族历史、历年来家庭规模的变化、儿童死亡率、平均寿命的变化以及医学的发展等,这只是些可能的例子。

每个"儿童大学"站点都连接着一个可以提供自己的项目和讲座的"长大的"大学。例如,这些项目和讲座的主题有:昆虫如何看世界,纵火狂,《海底总动员》背后的真相,以及由埃及一位领先的世界级专家创建的"木乃伊项目",该项目提供了诸如制作木乃伊、古埃及神、写象形文字、埃及的数字系统、埃及拼图等动手实践活动。星期六的早晨,有一个自己动手做的超市会提供它自己的讲座和工作坊。在全国各地的社区,当地图书馆会开展注册并展示"学习目的地"的标识,为儿童的阅读和同伴读书评论积分,同时还有一些像"咬文嚼字:可以吃的诗"、"童诗茶话会"、"童诗寻宝游戏"等参与性的活动,儿童在这些活动中可以寻找自己喜欢的诗句,并用它们创作自己的诗。(MacBeath, 2012:15)

正如"儿童大学"项目的评估(MacBeath, 2012)所指出的,只要有关于学习的想象、激活和复兴,就会有具有示范作用的领导力和拒绝受制于有限的边界和惯例的启迪者。评估同时还强调了它给补充和丰富课堂学习带来的不可预见的机会,被证明是改变了教师以及他们的学生们的生活。理想破灭可能转化为雄心抱负,失败也许能变为成功。离开课堂允许教师让学生摆脱时间和目标的压力,参与到不同的环境中去倾听,让教师对儿童的生活和学习有了新的理解。同样,孩子们的动机也给予了家长们有益的回馈,他们从自己的子女身上获得了新的认识。

这些各种各样的创新项目以及"儿童大学"的全国评估产生了一些关于领导学习和学习领导力的主张和原则：
- 没有教的学习这一领域补充和丰富了儿童的学习和教师的教学。
- 认识到学习是一个社会活动需要关注儿童和年轻人能够彼此支持、分享和挑战的途径。
- 在学习机会得到支撑并由此促进探究和发现的境脉中，参与性和主人翁意识会得到培育。
- 学习场所（"建筑工地"）的潜能在很大程度上仍未得到探索，但它在将学习与生活联结方面做出了重要的贡献。
- 不能把课堂学习视为学习的全部，而应视为校外学习的补充，课堂学习和校外学习都利用其他场景中的学习并且反哺之。

这些原则和假定认为，在可见的将来学校仍会存在。但是，学校也许不再那么垄断，而是更像枢纽或代理的角色，指出学校在什么方面能做得最好，而其他环境里或通过其他代理机构则又能让学生学到的最好的是什么。这给领导力提出了一个挑战，即，需要在向外看的同时向内关照，将学习的范围从"封闭"的课堂拓宽至"开放"的课堂而不是更加收紧。我们可以有点自信地说，具备了前瞻性的领导力，充满限制的课堂中的学习将会受到越来越多的挑战，并通过其他途径、地点和形式得到补充。我们还可以有点自信地说，随着来源和可能性的不断开放，教学的本质将会得到重塑和丰富。

对课堂外的学习场景开发探索的机会越多，对学习领导者提出的要求越高。这需要学习领导者帮助教师个体和教师团队拓展他们的知识库。儿童和年轻人越多地承担起对其自身学习的控制，教师和教学领导者的教学法视野和适应性的需求就越高。儿童和年轻人越来越成长为独立的学习者和互助的学习者，其中所蕴含的面向儿童学习的领导者和创建者的策略智慧就越多。学习者中间真正的主体感出现得越多，对教师一方在情况需要时进行引导、指导、干预或退后的这种更高能力的需求就越大。这不是在排斥传统的教学策略，例如问答环节、示范和直接教学等，这些传统策略会成为教师知识库中一个更小的、补充性的部分，并依赖于对何时、哪里、如何以及为何在学习过程中进行干预的合理判断。

随着年轻人被带到更多的"建筑工地"中,教他们的教师所面临的结果显而易见。那些将自己整个事业都用在四墙高立的教室中的教师们也许会缺失他们的学生所享受到的那些广泛经验,受限于对"真实生活"的封闭的而且处于不断封闭之中的理解。走出教室的机会的出现,也许会鼓励教师并帮助他们能够跨越不同的经济部门,去体验不同的工作环境,去从团队工作中、从面向个体领导和共享式领导的机会中、从新形态的刺激和奖赏中学习。逐渐认识变革是一种常态并逐渐适应,能够给教学和学习带来复兴。学习的领导者们由此可以期待一个富于挑战的崭新时代。

注释

① 剑桥大学教育学部荣誉教授。

参考文献

Aguerrondo, I. and L. Vezub (2011), "Leadership for effective school improvement: Support for schools and teachers' professional development in the Latin American region", in T. Townsend and J. MacBeath (eds.), *International Handbook of Leadership for Learning*, Springer, Rotterdam.

Bangs, J., J. MacBeath and M. Galton (2010), *Reinventing Schools, Reforming Teaching: From Political Visions to Classroom Reality*, Routledge, London.

Dewey, J. (1938) *Experience and Education*, Kappa Delta Pi, New York. Dweck, C. S. (1986), "Motivational processes affecting learning", *American Psychologist*. 41(10), 10 – 48.

Frost, D. (2005), "Resisting the juggernaut: Building capacity through teacher leadership in spite of it all", *Leading and Managing*, 10(2), 70 – 87.

Garavan, T. (1997), "The learning organization: A review and evaluation", *The Learning Organization*, 4) (1), 18 – 29.

Gardner, H. (1991), *The Unschooled Mind: How Children Think and How Schools Should Teach*, Basic Books, Philadelphia, PA.

Gray, J. et al. (1999), *Improving Schools: Performance and Potential*, Open University Press, Buckingham.

Hampden-Turner, C. (2007), "Keynote address", Leadership of Learning Seminar, Peterhouse College, Cambridge, April.

Heschel, A. J. (1969), *The Prophets*, Harper Rowe, New York.

Hesselbein, F., M. Goldsmith, R. Beckard and P. Drucker (1996), *The Leader of the Future*, Jossey-Bass, San Francisco.

Hofstede, G. (1991), *Culture and Organisations*, McGraw-Hill, London.

Hoy, A. and P. Murphy (2001), "Teaching educational psychology to the implicit mind", in B. Torff, and

R. Sternberg (eds.), *Understanding and Teaching the Intuitive Mind: Student and Teacher Learning*, Lawrence Erlbaum Associates, Mahwah, NJ, 145–86.

Ingersoll, R. M. (2003) *Is There Really a Teacher Shortage?* Center for the Study of Teaching and Policy, University of Washington, Seattle.

Joyce, B. and B. Showers (2002), *Student Achievement through Staff Development*, 3rd edition, Longman, New York.

Kennedy, M. M. (1999), "The role of pre-service teacher education", in L. Darling-Hammond and G. Sykes (eds.), *Teaching as the Learning Profession: Handbook of Teaching and Policy*, Jossey Bass, San Francisco, 54–86.

MacBeath, J. (2012), *Evaluating Provision, Progress and Quality of Learning in the Children's University*, Fourth Report to the CU Trust, Faculty of Education, University of Cambridge, Cambridge UK.

MacBeath, J. (2009), *Impact Study on the Implementation of School Development and Accountability Framework for Enhancing School Improvement in Hong Kong*, Education Manpower Bureau, Hong Kong.

MacBeath, J. et al. (2009), *The Recruitment and Retention of Headteachers in Scotland*, Scottish Government, Edinburgh.

MacBeath, J. and N. Dempster (eds.) (2008), *Connecting Leadership and Learning: Principles for Practice*, Routledge, London.

MacBeath, J. and H. Sugimine, with Gregor Sutherland, Miki Nishimura and the students of the Learning School (2003), *Self-Evaluation in the Global Classroom*, Routledge Falmer, London.

MacBeath, J. and G. Graus (undated), *Planning for Learning: A National Framework for Validating Learning*, Children's University, Manchester.

Malm, B. (2009), "Towards a new professionalism: enhancing personal and professional development in teacher education", *Journal of Education for Teaching*, 35(1),77–91.

Martin, P. R. (1997), *The Sickening Mind*, Flamingo, London.

Mayer, D., R. Pecheone and N. Merino (2012), "Rethinking teacher education in Australia", in L. Darling-Hammond and A. Lieberman (eds.), *Teacher Education Around the World*, New York, Routledge.

McLaughlin, M,W. and J. E. Talbert (2001), *Professional Communities and the Work of High School Teaching*, University of Chicago Press, Chicago.

NCTAF (2003), *No Dream Denied: A Pledge to America's Children*, National Commission on Teaching and America's Future, Washington, DC.

Nusche, D., D. Laveault, J. MacBeath and P. Santiago (2011), *OECD Reviews of Evaluation and Assessment in Education: New Zealand*, OECD Publishing, Paris. http://dx.doi.org/10.1787/9789264116917-en.

O'Connell Rust, F. (1994), "The first year of teaching: It's not what they expected", *Teaching and Teacher Education*, 10(2),205–217.

Pajares, F. (1993), "Pre-service teachers' beliefs: A focus for teacher education", *Action in Education*, 15(2),45–54.

Sahlberg, P. (2011), *Finnish Lessons: What Can the World Learn from Educational Change in Finland?* Teachers College Press, Columbia University, New York.

Senge, P. (1990), *The Fifth Discipline: The Art and Practice of the Learning Organization*, Doubleday Currency, New York.

Sternberg, R. J. (2007), *Wisdom, Intelligence, and Creativity Synthesized*, Cambridge University Press, New York.

UNESCO (2011), *UNESCO ICT Competency Framework for Teachers*, UNESCO (United Nations Educational, Scientific and Cultural Organization), Paris.

Wright, D. P., M. D. McKibbin and P. A. Walton (1987), *The Effectiveness of the Teacher Trainee Program: An Alternative Route into Teaching in California*, California Commission on Teacher Credentialing, Sacramento, CA.

第四章　新加坡高绩效学校中促进 21 世纪学习的领导力

Clive Dimmock　英国格拉斯哥大学
Dennis Kwek　新加坡南洋理工大学国立教育学院
Yancy Toh　新加坡南洋理工大学国立教育学院

　　本章由 Clive Dimmock、Dennis Kwek 和 Yancy Toh 撰写,介绍了通向 21 世纪的以学习为中心的领导力发展模式,这种模式就是"学校设计模型"。该模型运用了一种独特的"逆向规划"法,或者叫做迭代法。本章首先探讨"21 世纪知识与技能",包括全球意识、健康素养、创造性、金融和经济素养、公民权、批判性思维能力和问题解决能力及数字素养。随后探讨了相关的教与学以及包括课程、教学和教学法、评价和评价标准、组织结构、教师专业发展和文化与环境在内的支持体系。最后,本章将领导力描述为:它是以学习为中心的领导力、强调对课程和教与学的领导;它是分权式的领导力,赋予了教师权力并培养了他们的能力;它是社区网络型的领导力,获益于其他学校和社区的资源。本章以新加坡两所已经实践了十余年的以学习为中心的领导力的学校为案例,具体介绍了"学校设计模型"。

导言

本章介绍的是一个以学习为中心的领导力,该模型适用于学校在 21 世纪的提升与转型。该模型在新加坡的两所学校应用了 10 余年,在这段时期学校以创建创新型的 21 世纪学习环境为目标,实践以学习为中心的领导力。该模型运用了独特的"逆向规划"或"迭代法",属于学校设计模型的一种。

该模型在新加坡的应用意义重大,主要原因有两个。首先,按照很多国际指标,新加坡的教育体制一般被视为坚持传统教学法的高绩效的亚洲学校体制。但即便如此,依然有学校勇敢地坚持变革十余年,他们本着现代学校设计和领导的理念,坚信必须创造新型的学习环境。其动机一直是用知识和技术武装学生,这对新加坡保持在全球市场的竞争和革新能力的优势是至关重要的。其次,之前的一些学校设计模型的应用很大程度上局限于英美地区,尤其是美国(Dimmock, 2000),没有在跨文化地区应用的范例,尤其是在亚洲和新加坡地区。

新加坡学校体制的背景

新加坡是一个小岛国,其人口在 1965 年到 2011 年间从 1 800 万增加到 5 100 万。全国仅有 350 余所学校,其中独立学校只有约 20 所。虽然新加坡在 1959 年就已经摆脱了英国的殖民统治,但直到 1965 年才脱离马来西亚获得独立,成为一个城市国家。新加坡的经济已由第三世界跃入第一世界,人均国民生产总值已经超过英国。新加坡人口城市化和聚集程度高,由此导致了学校数量相对较少,学校规模一致,相对较大,小学和初中平均学生数量分别高达 1 500 人和 1 300 人(Mourshed, Chijoke and Barber, 2010)。多年来,新加坡学生在国际数学和科学比赛中取得了优异成绩,其教育体制被视为全世界最优秀的教育体制(Mourshed, Chijoke and Barber, 2010)。

虽然经历了三十年的重组、合并和改革,新加坡的教育体制仍然管理严格、高度集中化(Gopinathan, 1985; Hogan and Gopinathan, 2008)。在过去的五年里,新加坡的学校已经推行了行政管理分权化和教育权力向个体学校的转化，所有教师都在国立教育学院(National Institute of Education，NIE)接受培训，该学院推行的教育政策、教育实践以及教育研究过程与新加坡教育部(MOE)确定的优先事项和学校的需求非常一致。

新加坡教育部 1997 年以来的战略性政策表明其为促进学校变革而创建基础结构的自上而下的创新行动。这种测量行动力图推动教师专业化，促进教师的专业化发展，鼓励学校和教师采取更富改革创新精神的教学实践。但由新加坡教育部资助的一个系统水平上研究(Hogan et al., 2013)表明，尽管政策层面以推动学校学习环境改革为目的，但新加坡教师的教学实践和课堂教学的主要关注点仍然是以学科课程为基础的知识传递和评价("复制")。该研究得出如下结论：教学体制由传统教学方式而不是新的教学方式主导。这里面的原因很多，其中之一就是全国性的高风险评价。新加坡的教师们在课堂上极其依赖整堂课的教师讲授和问答环节这种课堂组织形式。

一个 21 世纪领导力模型

学校设计模型的一个基本原则是由学校帮助学生准备足够的知识、技能和价值观，让学生在未来社会做一个对社会有贡献的人，让学生能够取得成功，过上充实的生活。创新型的学校和学习环境要反映社会和经济发展趋势，尤其是要反映将来的职场。正如 David Hargreaves 所言，"我们应该找到当下职场最突出的特点，并把学校重新设计成为为学生在将来的知识经济时代的职场生涯做准备的场所。这确实将是一场彻底的改革。"(2003:3)如此规模的学校变革需要的不只是渐进式的修补，它需要领导者有勇气发起针对领导者和教师的角色和实践的改革，以及针对组织结构和组织文化的改革。在更加整体、策略性的视角下，以及在重点关注形成和支持创新型的 21 世纪学习环境的构成要素这一背景下，需要对领导力尤其是以学习为中心的领导力进行重新思考。把更广泛的构成设计过程本身的因素(特别是学习目的、学习目标、学习结果，换言之，学生为什么而学习？)与超越已有的 20 世纪组织模型对领导力的理解联系起来具有"战略意义"。

学校设计模型是能够让学校学习环境适应21世纪的一种战略方法(参见Dimmock,2000,2012)。这种方法包括几个互相关联的关键要素,如课程目标和课程内容、评价体系、学习过程和教学实践,以及教与学的结构支持和技术支持。该模型的核心是对领导力和模型本身重新进行定义,领导力被视为对学校这一复杂的社会组织的变革过程进行策划、实施、维持、推广的主要驱动力。改革通常需要持续多年的领导力,而且绝不会一帆风顺,也没有明确固定的算法规则。

学校设计模型有五个突出的特点。第一,该模型确定了一所学校要重新设计为21世纪学习环境的主要的基础要素。第二,该模型确认了要素间的相互关联性,即一个要素的变化需要与之功能相互关联的其他要素同时发生变化。第三,由于许多要素都是变化的,学校的变革过程必须要有一定的秩序和基本原理,从这种意义上说,学校设计模型具有战略意义。第四,领导力是保证学校圆满地实现重新设计的关键力量。从根本上看,是学校设计的过程和新学习环境的本质促进了对已有预兆的新型领导力进行重新定义。第五,学校设计模型由一种叫做"逆向规划"的外显方法作为支撑。

支撑学校设计模型的逆向规划法

通过相关课程、高质量的教与学来传递21世纪学习环境这一过程涉及一套复杂的操作程序,对这套复杂操作程序进行重新设计,需要最强有力的模型。该模型要显示出关键要素间的关联性;能够预测相关要素必然同时发生的变化,以应对由其触发的某个特定的关键要素的变化;要能够拿出明确的策略证明基本原理和关键要素重设和变革的次序。

传统上的改革策略由政策制定者开始自上而下实施,因此,到达课堂中的教师时,原始的政策目标已经被曲解或衰减,政策的实践者的主体感是最低的。因此,Elmore(1979—80)建议把改革的过程颠倒过来,让政策制定者从结果出发,从他们想要实施的教学实践出发,考虑变革对处于整个教育系统中不同层面的每一变革代理群体的影响,这样更有可能保持改革的完整性。Elmore认为,采用"逆向规划"的方法更有可能实现最初的改革意图,并且由于负责实施的实践者参与了政策的制定,他们也更有可能具有主体感。从这个角度来说,逆向规划是一种自下而上的政策制定方法。

逆向规划原则符合 Covey 的一句格言——成功人士"以始为终"(Covey，1989)，即，要先问 21 世纪的学习者需要的学习结果是什么(知识、技能和价值观)，得到清楚的回答后就可以从课程层面出发重新思考学习环境的本质。什么样的课程内容和课程结构最有可能实现那些为 21 世纪学习者所识别出来的知识、技能和价值观？

继续逆向规划，再问下列问题：怎样的学习过程、技能和知识会使学生获得想要的结果？不同的学生怎样才能学得最好？怎样促使所有的学生学习？需要怎样的评价过程来测量学生相关学习结果？不管这些学习结果是认知性的、情感性的、道德性的还是身体技能方面的。

逆向规划进程的后续步骤：什么样的教学实践最能支持学生的学习经验？教师用什么方法最能促进所有学生的学习？以及作为对新的学习和教学安排的支持，怎样对教室以及组织安排和结构安排进行最佳的设计和配置，以支持这些学习环境？其中最重要的是课程表、物理环境的布局以及技术在教与学过程中扮演的角色。

逆向规划再更进一步，要实现上述被称为"核心技术"的评价、学习与教学方面的诸多改变，需要以进一步推动教师专业发展，使教师获取新技能和新实践作为基础。

最后，逆向规划的所有前述步骤在策划、组织、维持、推广中都隐含着领导力。领导者起到的关键作用主要体现在他们如何变革自己的学校以创建创新型的学习环境，他们如何提供适当的支持和专业发展，如何运用社会、社区和家长提供的资源。教与学的核心技术是学校设计模型的核心，它形塑了传递教与学这一核心技术所必需的领导力的新涵义。图 4.1 描绘了从学习结果到学习、教学、技术、组织基础结构这些相互关联的关键因素，再到领导力的这一逆向规划的过程。

学校设计模型是一个综合的整体模型，逆向规划是逻辑的、有算法规则的，其目的是实现组织结构和实践的一致性，实现协同增效。模型和方法本质上是简化形式和抽象表征的。承担变革任务的学校不可能纯粹采取这种整体模型或算法规则作为变革的策略基础。但是，持续多年的学校变革将会经历不同阶段，这些阶段加起来将涵盖学校设计模型中所有或多数的要素。变革的次序或许不会像逆向规划一样着眼全局，但这种模式可以作为启发式的工具，用来评价和评估学校通过实施全面稳健的策略和方法而实现的整体变革的程度。

面向知识经济的 21 世纪学习结果

图 4.1 展示了一系列面向 21 世纪的知识经济的知识和技能方面的学习结果。当今世界全球整合性更强，竞争也更加激烈，需要学生具有全球意识和素养。民族国家关注的是扩大不同阶层的收入和财富差距以及减少社会的流动性，而在全球化进程中，这两者可能威胁到人民对国家的忠诚度和自豪感。这些关注使得人们更看重公民权利和生活技能。由于政府努力地让国家预算符合日益增长的预期和愿望，并且考虑到公民在经济上正在变得更加独立于他们的国家，就必须要有更好的金融和经济素养。同样，更好的健康教育不但能够增加劳动力的产出，也能够降低国家对国民健康的支出。21 世纪的职场越来越需要劳动力具备革新和创新的能力、批判性思维和问题解决的能力，并且要具备很高的技术和沟通素养。

传递 21 世纪学习结果的课程和学习经验

从期望的学习结果出发进行逆向规划有助于制定能够帮助实现这些学习结果的学习经验的课程。如图 4.1 所示，除了当前强调的核心学科(数学、科学、历史等)的课程，我们更加需要的是能够用于现实世界中复杂问题的跨学科知识。

如果更加重视学习者在学科学习之外的跨学科的学习技能的获得和高阶思维技能的发展，那么课程和课堂教学实践就需要学生具备以下能力：

- 学会如何学习并获得元认知和思维技能
- 学会在团队中合作
- 搜寻和创建新的知识
- 处理界定不清的情境和不可预测问题的能力
- 语言交际——口语和书面语言能力
- 具备创造、创新和创业的能力
- 学习学科知识和跨学科知识的能力

有两个方面需要特别强调：一是整体教育的重要性，因为它把很多 21 世纪学习者必备的所谓软技能整合了起来(如领导力、团队合作能力和公民权利)，二是技术的主要作用是实现上述学习技能和推进教学改革的催化剂(而非目标本身)。

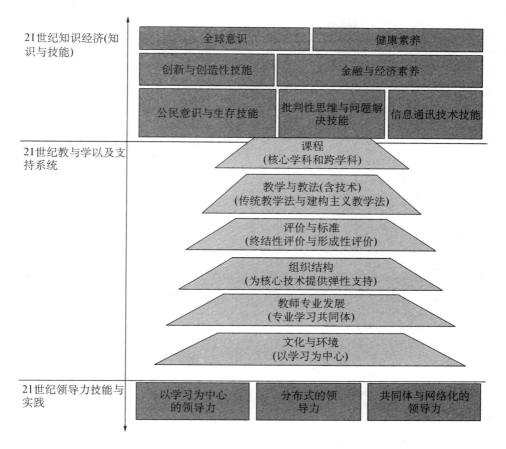

图 4.1　学校设计模型：一个促进 21 世纪学习的领导力框架

来源：Dimmock, C. and J. W. P Goh (2011).

这些跨学科的、整合性的、基于项目的活动为学生提供了获得以下经验的机会：1)独立学习的经验；2)协作的经验和人际交往的经验，包括口头和书面形式；3)整合不同学科的知识和技能的经验；4)通过诸如在线论坛和学生博客等不同的传播形式展示他们的观点和学习的经验。所有这些技能都是 21 世纪的必备技能。这些实践必须在全校范围(贯穿所有部门和领域)彻底(由所有教师)实施。

传递学习经验和学习结果

如果教师、领导者和组织结构都支持学生用上述方式学习，就需要进行学校范围的广度和深度的变革。教师和领导者需要在学生将要获得的知识、技能和品性方面进行示范（Hargreaves，2003）。因为在某些情况下，传统教学法非常有效，所以不能完全将其丢弃，但同时教师也受到了挑战，需要扩充他们教学策略和教学方法的知识库。他们不仅要决定选择哪种教学方法以及何时使用，还需要具备能够有效使用这些教学方法的知识和技能（Dimmock，2000）。

在扩充教学策略的过程中，教师们接受了以学生为中心的教学法和以教师为中心的教学法、建构主义教学法和讲述教学法、个体学习和小组合作学习以及全班学习等各种学习形式。尽管教师仍然是所教学科的专家，但他们对该学科如何与其他领域及其他学科相联系有了认识论上的理解。在开发跨学科的综合性的课程和课堂学习机会时，教师需要灵活的认知能力来实践跨学科教学。在这个过程中，知识显得更加复杂并且问题化，需要运用基于问题的学习方法（problem-based learning，PBL）和探究式学习法（inquiry-based learning，IBL）。为了让所有的学生获得成功的学习经验，需要更多基于个体的学习方法。

技术和 21 世纪学习环境

信息技术（IT）在创建 21 世纪学校的创新型学习环境中占据着越来越重要的地位，也扮演着多种角色。它让能力水平不同的学生能够在任何时间任何地方获得所需的知识。它让这些能力水平不同的学生获得独立学习、团队协作、问题解决等高阶技能。而另一方面，对教师而言，它也是一种强有力的工具，帮助教师采用更多的教学方法，促进以学生为中心的学习，并且将教与学扩展到课堂外。尤其是移动技术的运用，对重新定义教与学发生的时间、地点和方式产生了深刻的影响。

十多年来，对在学校中应用信息技术的批判主要关注以下三个问题：1）使用信息技术的教师们水平差距很大，有信息技术文盲，也有热情的拥护者；2）不同群体的学生接触信息技术的机会不同，经济上富有的学生机会更多；3）有些学科全方面运用了信息技术而有些学科运用较少，因此整个课程体系里对信息技术的运用程度也不一样。

虽然以上担忧仍然存在，但信息技术的应用依旧取得了很大的进步。现在，极少有教师能够承担质疑在学校中使用信息技术的责任。因为经济上可承受，移动设备在学生中被广泛使用（教师和全社会也普遍使用），这使得很多教师需要跟随信息技术的发展成为一个合格的信息技术使用者。特别是，任何拒绝给予学生使用信息技术学习机会的学校都会对学生产生不利影响。信息技术应该服务于课程、教与学的更大利益，也就是说，信息技术是达到目的的手段，其本身并不是目的。但信息技术在 21 世纪知识经济中日益增加的影响力意味着我们不得不承认它本身也是一种强大的力量。

多样的评价方式

Biggs(1999)认为，有必要对课程、教法和评价进行"建设性的协调"。除非同时对评价方式进行变革，否则，教师们可能无法接受对课程和教学法的变革。应该让教师们相信评价方法将对新的课程知识、技能和价值观进行精确的测量。很多 21 世纪技能不是简单地用传统的考试就能测量的。因此，除了传统的考试，还需要新的形成性评价和非定量的评价方法来评价学生的学习。

21 世纪的学校组织结构

过去的很多学校改革都是建立在严格死板的学校结构上的，包括课程表、把教师划归到学科组并保证他们的独立性、布局整齐划一的教室。然而通过从学习结果开始再到课程和教学实践这一步步的逆向规划过程（如图 4.1）展现了能够成功实施的一种灵活的组织结构的强假设（strong assumption）。新的课程、学习和教学实践预示着组织结构的同时性改革，对教师分组、课程表和教室布置（包括物理空间、技术和设备的使用）尤其如此。

跨学科协作团队

这种新的协作形式要求来自互相关联的不同学科的教师协作进行课程的规划和传递。因此，教师和学生一样参与到相同的认知过程中。跨学科协作教学团队促进了基于问题的学习和整合性课程的传递。比如说，把教师分成四个核心团队，这样团队就承担起把整个课程传递给某一组学生的责任，伴随他们这一组的学生共同学习，并能够使他们对于自己学生的学习优势和劣势形成核心理解。再比如说，每个团队里都可以安排像语言、音乐和体育这样的专业教师。

更灵活的时间安排

更加灵活的时间安排是学校设计模型改革的一个重要的前提。例如，基于问题的学习和跨学科学习在标准的 40 分钟的课堂中是无法实现的。因此，要为课程时间的安排扫清障碍，就必须灵活安排学习时间（Dimmock，2000）。只要每个学科都接受所分配的总体时间份额，如一个月或一个学期，那么组块的时间安排就给教师留出了自由安排课程的权力。

学校也可以将学年和每日的时间安排得更加灵活。在有些学制中，学校每年开放的时间几乎不超过半年，每天开放的时间一般是从 8:30 到 16:00。他们可以把每年的开放时间延长，也可以把每天开放的时间延迟到晚上，用晚上的课监督学生做作业，把学生使用健身器材和图书馆的时间延长，包括周末的时间。

重新布置教室

嵌入式的创新型的课堂实践经常需要对教室布局和空间利用进行重新安排。例如，教室里可以灵活组合的桌椅，使得教师能够改变桌椅安排的模式和布局，再配上无线网络技术，就能够设置出不同的课堂环境，并得以采用全班教学、小组合作和个体问题解决等一系列不同的教学方法。

把教师的讲桌从教室前面移出标志着学习方法更加以学生为中心。配置了计算机节点和无线网络连接的移动课桌让所有学生在小组活动和个体活动时可以轻松使用网络。因此，对教室空间进行重新设计和安排对于推动建设多样化的学习环境至关重要。可折叠的隔离墙就像在学习空间和学习的生态小径附近放置一些可灵活装配的分隔区一样，使教室空间的重新布置成为可能。

不过，所有上述学校设计模型要素取决于教师专业发展的新结构和学校在广度和深度上所采取新的领导形式。如果没有以教师专业发展为目标的同心协力和勇于革新的领导力，创建可持续的创新型学习环境所必需的方向、目标和队伍就无法实现（Hargreaves，2003）。

培养传递新核心技术的领导者

在学校成功地踏上改革征程的过程中——这个过程经常需要十年或者更长的时间——杰出的领导者尤其是校长(但也不是唯一的)所做的贡献至关重要。高绩效的领导者更有效地利用自己的时间对学校设计中的要素进行改革以提高学生的学习结果。他们不会陷入行政管理事务中。逆向规划能够通过学校设计模型的要素推断出改革学校学习环境所需的领导力。将学校转型为21世纪学习环境所需的领导力有如下特点：**以学习为中心**，重视课程、教学和学习的领导地位；**分布式领导**，领导力赋权于教师并建设可用的人力资本；**共同体网络化**，从而得益于其他学校和其他共同体的资源。(Dimmock，2000，2012)

以学习为中心的领导者把教与学放在学校领导工作的中心地位，从而也把教师和学生放在了中心地位。创建以学习为中心的学校所需领导力其本身就是一个不断学习的过程(MacBeath and Dempster，2008)。以学习为中心的领导者具备领导教师们实施创新的课程、教学法和评价的知识、技能和倾向。他们还具备技术的和专业的知识，能够与他们的教师同行形成紧密的专业伙伴关系，进行有影响的对话和交流。这样的领导力关注的是提升学校的学习成果，精心规划和组织学校改革的实施过程的战略眼光和战略目标。

建设21世纪学习环境需要以学习为中心的领导力，但也需要从校长为中心的领导转向分布式领导的权力的重新布局(Heck and Hallinger，2009；Spillane and Diamond，2007)。学校方面则需要通过领导能力的培养——包括给各个层面上的领导者赋权——使管理结构更加扁平，过程更加民主，实现资源利用最大化。简言之，高层领导要培养经验较少的教师同事的领导能力，中高层领导的权力要分散、共享。领导力的分布让学校高层领导，尤其是校长，肩负了更多的责任。他们要精心安排并保证学校范围内政策和领导实施过程的协调性、连贯性和一致性。更加扁平的管理结构使校长和高层领导与课堂中的教师的职能关系更加紧密。

现代领导力的第三个要素是"共同体网络化"，其目的是与其他学校和共同体建立网络，共享资源。为了巩固改革的基础而创建改革的愿景、策略和实践时，领导者需要从多种渠道获得意见和资源。这些渠道可能是其他已经开始改革的学校，可能是运用基于证据的方法提出了改革模型和框架的研究文献和案例研究,也可能是通过员工在工作中积累的发现行之有效的经验中获取的隐性知识(Guile,2006)。在培养学生适应面向 21 世纪的职场的过程中,校长尤其需要通过他们的共同体看到学校整体改革的需求。家长和社区成员经常反对背离传统,尤其当牵涉到教学、高风险评估和学科教学时。但是,对任何一个校长而言,要致力于使学校转变为一个学习的环境,获得家长的支持从策略上看是势在必行的。

在开发学校所有资源中的重中之重,也就是学校自己的教职员工时,会涉及以学习为中心、分布式和网络化这三种领导形式。创新型的学习环境的创建取决于专业发展的质量,反过来也取决于领导力的质量。

推动教师专业发展

领导者肩负着教师专业发展的重大责任,教师专业发展为 21 世纪的课堂提供了技能、知识和价值观。从学校的广度上和深度上对课程、教法和评价进行改革需要摒弃传统的教师专业发展方式,例如,教师个体参加校外的短期培训课程,这些课程很多都是毫无效果的。于是,学校层面的专业发展的概念被重新构建为专业学习共同体(professional learning communities,PLCs)(Wenger,1998;Hord,2008)。学校领导者,尤其是校长,能够在推动、维持和评价专业学习共同体中发挥作用,这种专业学习共同体是教师掌握和实施变革的工具(Bolam et al.,2005;Louis and Kruse,1995)。在专业学习共同体中,所有教师负责自己的专业学习,同时必须参与同伴学习并与同伴合作学习。领导者负责监督专业学习共同体的团队学习效果,并确保:教师的学习与课程和教学目标相关;所有教师都在研究和评价自己的教学实践;所有教师都在分享自己的想法并在共同工作,研究和搜集关于新的改进的教学实践及其实施的依据;新的教学实践在全校范围内得以采纳实施实现协同增效。最重要的是推动以采纳基于证据的实践为目的的教师共享式决策,无论是基于源自隐性知识的同伴学习,还是基于学术研究的同伴学习。

让教师全面参与专业学习共同体活动要求领导者投入资源来发展教师的研究和评价能力,保证面对面教学之外的备课和作业批改时间(non-contact time),提供工具或模版帮助教师对任务进行管理。学校范围的专业学习共同体是在教师中创建学习文化的强有力工具。它也是领导者自身专业发展的关键渠道，有助于领导者理解学校设计模型各要素和要素职能间的相互关系，能够培养领导者制定组织结构策略的能力，以及传递新的课程和教学方法所必需的领导力。专业学习共同体为领导者的培养和发展提供了机遇，使得领导者的专业发展与教师的专业发展更加紧密地关联在一起，并得以在学校内部及学校所处的共同体网络中得以实施(DuFour and Eaker, 1998)。

领导力本身在学校智力资本和社会资本的开发，以及为实现最佳学习结果而进行的高端策略部署中承担着核心作用。这些领导活动在以学习为中心的学校文化的营造和维持中起着至关重要的作用。

两所学校的改革案例研究

上一节概述了基于一个学校设计整体模型的以学习为中心的领导力的视角，其目的是将学校改造为创新型的21世纪学习环境。这为解释和分析如何在实践中实施学校整体改革提供了一个有用的探索性工具。在本节中，两所新加坡学校的个案研究就运用了这一视角。

案例1：刚毅小学

刚毅小学(Fortitude Primary School, FPS)由一个中国宗亲会于20世纪40年代建立，为来自中国的移民子女提供基础教育。它是一所政府资助学校，其资金部分来自政府，其余部分由个人资助。学校很大，有约1 900名学生和130名教师，是一所有声望的高绩效的邻里学校。

改革成就

在由以教师为中心向以学生为中心的教学实践改革中，刚毅小学在技术的创新运用方面获得了认可。在将技术运用于教育的十年中，它获得了一系列的嘉奖，包括"微软世界导师学校"，并被新加坡教育部誉为优秀信息技术中心。刚毅小学还被政府评为15所"未来学校"之一，成为将信息与传播技术(ICT)融入学校的课程、教学和评价的一所示范性学校。但是，与很多学校不同的是，教育技术越来越成为推动学校整体改革的催化剂，而不是仅仅推动一些局部的零星的改革。

重新设计学校的努力

从 2002 年开始，刚毅小学就采用技术提升的课程对教与学进行重新设计。学校的整体改革是一个循序渐进的过程并在 2007 年新校长上任后得到加速发展。对学校的重新设计以技术的运用为基础，并融入了 21 世纪学校设计模型的两个方面：1）学习领导力的技能和实践，2）将 21 世纪教与学的技能和支持系统融入其中。本案例研究以源于访谈、课堂观察、会议和数据分析的定性数据为基础（Toh，2013）。

21 世纪领导力的技能和实践

学校的前任校长和现任校长在规划刚毅小学的发展方向上都起到了至关重要的作用。两位校长都认为 ICT 是促进教与学质量的催化剂。他们认为 ICT 对培养学生参与性学习和让他们接触课堂之外更广泛的知识具有重要意义。他们认为，学生掌握了 ICT 才能做好准备，成为未来的"知识工作者"。在教学法方面，两位校长都认为 ICT 能促使教师改革教学实践，把课堂转变为以学生为中心的课堂，从根本上适应 21 世纪的学习需求。

学校在 2005 年做出集体责任制的战略性决定，并把决策权（尤其是关于实行或推广哪些 ICT 项目的相关决定的决策权）日益下放到各个领导层。这种做法有效地把权力下放给了教师和中层领导，从而使改革行动获得了更广泛深入的支持，并提高了学校做出更加明智决策的专业能力。校长和中层领导及教师一起重新审查要优先学习的项目，构建努力平衡学生内容知识学习和 21 世纪能力和价值观学习的教育框架。21 世纪能力和价值观的学习由三方面构成：发展学生的媒介素养技能，培养学生的社会—情感行为和能力，培养课程领导能力。技术被视为联结三者的纽带。

同时，为了使学校改革符合国家教育政策的核心要求，学校高层领导提出了一个运用 ICT 的整体课程框架。2010 年，在 ICT 改革开始 10 年后，校长决定采用 Blythe 和 Perkins(1998)提出的"为理解的教学"（Teaching for Understanding，TfU）框架。该框架被认为能够提升学生的深度理解，能够推动协作学习和自主学习，这两种学习方式都是教育部所强调的 21 世纪技能。之后又采用了文献中 Saphier 和 Gower(1997)

提出的"熟练教师"(Skilful Teacher)模型,对教师的教学策略加以指导,引入了教育技术可满足学生的不同需要的观念。

随着时间的推移,能力培养策略日益结构化并具备了多种要素,其特点如下:1)利用新加坡国立教育学院的专家知识,使教师发展成为研究者;2)推广"学习圈",加强创新文化建设;3)发现教师专业发展需求,制订发展计划;4)通过多种共享平台和反馈交流会,建立反思机制。

ICT相关改革的复杂性要求同时进行文化、教法、课程和评价方面的改革。改革不能只靠学校,因此,学校领导寻求与工业界和高等院校合作。合作伙伴经过精心选择,确保有益于教学。例如,2009年学校与新加坡国立教育学院合作建立了校内研究中心。微软新加坡和微软亚洲研究中心2012年6月也加入了合作,进一步提供专业技术支持。海外顾问网络确保了对学生学习工具技术的其他支持。

但随着改革参与者和项目的增加,一些体制的问题也日益凸显。这些问题源自于:1)研究与实践的鸿沟,特别体现为改革所倡导的ICT的运用与实际运用相背离;2)改革观念上的分歧,例如技术是否应该作为一种必要的日常工具在课堂上使用;3)学校、公司、研究三者之间在行政利益和商业利益上的不一致,这导致了一些令人沮丧的拖延和额外的发展成本。学校中、高层领导对这些问题进行了集体讨论。改革要继续进行,就要建立开放的氛围和改革精神;围绕学与教的关键目标设定统一的日程安排;调整各种资源(财力资源、结构性资源、专业资源、时间资源)支持改革;提供与关键的利益相关者(如家长、老师、研究人员和宗亲会等)就改革的原则和结果进行对话的机会;当系统地推广已经获得可行性验证的改革项目时,谨慎地扩大改革范围,使改革成为一个全校范围的项目。

以学习为中心的领导:通过将这种方法与本章之前概述过的21世纪学校设计模型框架进行比较,可以看出两位校长都是以学习为中心型的领导,他们在合理使用新技术和建立教师反思机制的过程中,都把以学生为中心原则放在第一位。2008年上任的新校长宣布,坚定支持支撑所有ICT项目的统一的课程和教学框架,从而使现行的改革方式得以继续和可持续发展。

分布式领导:在改革日程上,领导力从一开始就日益呈现分布式,对于分布式领导的认知很显然嵌入在决策过程中,各层级领导也都有这样的意识,认为分布式领导是创新得以可持续进行的关键。

社区和网络的领导:在积极寻找战略合作伙伴,从而拓展与学校设计模型相关的学校社会资本阶段,领导力的第三个要素变得日益复杂。两位校长都审视了改革环境以理解社会政治趋势,从而使学校变革日程与系统决策相一致;对学校相关方面是否做好了改革的准备进行了评估;花精力缓和利益相关者之间的紧张局面;寻找财力支持推广技术相关的改革。所有这些都需要有微妙的政治敏锐性和方向把握能力,所以"政治技能"要素是学校设计模型中共同体和网络领导力要素的根本。

嵌入 21 世纪教与学的技能和支持系统

学校领导认识到要成功地进行新的教学实践,改革过程中的教、学技能和支持系统之间的相互关联非常重要。在频繁提及和成功结束的改革进程中,时间因素得到了强调,因此要构建"制度记忆"作为一种社会资本。刚毅小学已经进入了改革发展的轨道。

课程:因为了解到很多最初的 ICT 项目都是临时性的而且影响力有限,刚毅小学于 2005 年开始了一项更加整合性的移动学习跟踪项目,并已经将其扩大到学校各个层面。课程也相应地由零星的小项目发展成全校范围的大项目,并从教学研究的角度对其进行研究。进一步的可行性验证项目被纳入了部门工作计划,跨部门合作得以加强。

教学与教学法:早些年教学中主要使用电子学习单,教师们开始就更广泛运用以学生为中心的教学法时使用 ICT 的目的和场所达成了广泛共识。尽管人们所支持的 ICT 运用和实际发生的 ICT 运用有些出入,还是有越来越多的教师能够在使用 ICT 时采用建构主义的教学方式。

评价和标准:评价和标准对改革的反应尤为迟钝。从 2008 年课程和教学改革框架出台,学校就及时开始着手制定更加多元化的、即时性的形成性评价方法,和更加具有开放性、符合高阶思维技能的终结性评价方法。

学校组织结构:从 2009 年开始,刚毅小学开始加速推广成功的改革,这时学校结构重组的需求愈加明显。教师团队按照共同兴趣重新组合,或通过集中性的旗舰项目促进他们的重组。对科学教师,还在双周基础上又增设了另外三个阶段。教师们还利用每周固定的课程表中的一个半小时来讨论项目。计算机实验室里的设备也进行了重置以促进学生的协作学习,教室里的线路也进行了重新铺设,以便学生在需要时能给设备充电。

教师专业发展:随着时间的推移,ICT 在技术层面上对教师专业发展的驱动变弱,但它在创造新的教与学的方法方面的潜力却更大地激励了教师的专业发展。教师们有了大量的专业发展机会,发展的中心转向通过为个人量身定做的小项目提高个人能力。教师专业发展转而对 ICT 推动课程创新、实施、教学策略、专家观点和指导策略有了更广泛的意义。

文化和环境:文化重构贯穿刚毅小学改革过程的始终。早在 2001 年,学校就建立了学习圈,并逐渐得到推广和深化。每个员工至少参加了一个学习圈。学校里形成了一种容忍"失败"、不处罚落后教师的思潮,创造了一个安全的风险可接受型的环境。

刚毅小学的改革始终以及时反馈和迭代反馈为基础。两位校长对改革将会或者应该会如何开始并没有确切的想法,相反,改革的路线是在改革过程中多层因素和各方参与者的影响下形成的。两位校长的指导思想都是:尽管技术是学校转型的强有力的催化剂,但技术不能替代教学法,学习目标应该结合 21 世纪学习者的需求。通过实践自己的领导技能,刚毅小学的领导者为改革提供了一系列的支持系统,并最终在全校员工的集体努力下得以实施。

案例 2:新加坡女子中学

新加坡女子中学(Singapore Girls Secondary School,SGSS)是一所入学标准非常高的私立女子中学。与公立学校相比,在员工调配、薪资发放、财务、学校管理和课程制定方面享有更多的自治权。学生人数为 1 800 人,大多来自中高收入家庭,教师人数为 160 人。2004 年,该校由帮助学生通过普通教育文凭(General Certificate of Education,GCE)的普通程度考试的学校转变为政府发起的"综合课程学校"(Integrated Programme,IP),为学生提供六年的无间隙课程。这种学校设计更加灵活,学生的学习经验和学习结果也更加广泛。

改革成就

按照传统的评价指标,如普通教育文凭(GCE)——高等程度考试的成绩,新加坡女子中学是一所顶尖学校,并且在教师、家长、学生和政策制定者的共同努力下发展成为了一所面向未来的进步主义的学校。2012 年,学校被授予卓越学校和最佳实践等多项奖项。

新加坡国立教育学院对学校"综合课程"的评价显示,该校成功地实现了全校范围的"综合课程"改革。教师的教学从关注课程涉及的内容转向了以学生为中心的学习,学生参与度高,实行了个性化学习、对话教学、严格的学科实践、元认知技能,具有认知和认识论层面的灵活性。各学科的学习都整合了开放的、结构松散的、真实的表现性评价任务,并使学生参与到创造性的问题解决中。在一系列的教学指标中,新加坡女子中学优于新加坡大多数其他中学。

21 世纪领导力的技能和实践

在实施"综合课程"之前,新加坡女子中学专注于传统的应试教育,学生学业成绩优异。2001 年,校长开始重新思考学校教育的根本目的。通过关于教与学、学科和学生身份的本质的讨论,一种帮助学生发展成为"人、思考者、领导者和先驱者"的教育愿景得以形成。这种教育愿景明确强调全球意识、领导能力、创新和创业精神、批判性思维和问题解决能力等 21 世纪核心知识和技能。

校长向其他校领导介绍了"通过设计走向理解"(Understanding by Design,UbD)框架(Wiggins and McTighe,2005),帮助教师设计课程地图。到 2004 年,领导团队已经完成了将内嵌着愿景目标的"综合课程"设计予以实施的准备。领导团队认识到由"通过设计走向理解"框架驱动的课程已经将改革规模从零碎的、部门层面的改革,扩展成为高风险的全校改革。新的愿景需要评价和教学实践、教师能力和学校文化的巨大变革以适应教授 21 世纪知识和技能的要求。在这种新观念的引导下,校长带领全校以学生为中心的学习为目标,制定改革策略。

2004 年开始,全校转而实施"综合课程"的改革,其影响深远,风险也很大。很多包括教师在内的对利益相关者这次改革都缺乏信心。为了让员工投身改革并最大限度减少人员流失,校长经常给员工打气,分享这一新的教育愿景,强调改革对学生的未来至关重要。她为教师实践能力的提升提供了大量的专业支持和财政支持。领导权力进一步下放给教师以提高教师的参与度。校长还设置了一个领导层来管理改革进程。这些"主任"承担了主要的组织责任,使领导权力最终分散到校长、副校长、主任和部门领导。即便如此,校长仍认为校长的监管对全校改革持续向前推进必不可少,因此坚持监管改革的实施一直到 2008 年。直到主要的改革进程结束后,才培育了更多的自下而上的改革和领导机会。

为确保改革符合新的教育愿景和学校目标,领导团队与家长、学生和校友进行了多次对话。他们还让社区也积极参与进来,向家长和学生展示并证明新的以学生为中心的教与学。在新课程实施的过程中,不断向家长和学生征询反馈信息。与其他学校举行领导会议,分享改革经验。建立交流和反馈渠道,让校领导对改革中的问题做出反应,并相应调整改革的节奏和方向。与商界合作,以提高经济收入和增加经济支持;与研究中心合作提升学校和教师的科研能力。

像建筑师建造一座新建筑一样,校长不仅要维护学校愿景,还要保证改革逐渐驶向该愿景而不偏离轨道。关于学校设计模式,校长的领导力与以下三种领导力形式相一致。

以学习为中心的领导:校长利用基于研究的资源,帮助制定改革计划并推动改革进行。她利用自己的专业知识、技术知识和教学法知识,与各层员工建立了紧密的同事关系,鼓励员工用角色建模的方式成为学习者,调配财政资源、组织资源和专业资源,支持学校转变成为一个学习型组织。反馈机制包括形成性反馈平台,使领导团队能够快速对改革中的问题做出反应并调整改革的步伐和方向。

分布式领导:校长坚定地认为,改革的关键阶段需要自上而下的领导方式,即使在她设置新的领导岗位激励和管理改革进程时也是这样认为。只有在主要的改革完成之后,她才鼓励逐渐被赋予领导权力的人进行自下而上的创新行动。

社区网络领导:作为"综合课程"的先驱之一,新加坡女子中学没有其他学校的资源和经验可以利用。但是,与改革的利益相关者的对话以及他们的积极参与,使得教育愿景和以学生为中心的教与学实践得到了共享。随后,学校与其他学校、研究人员和政策制定者分享了他们的改革经验。与商界和研究机构的合作帮助学校提高了经济能力和科研能力。

在新加坡女子中学课程改革中,领导者们展示了另外一种领导角色——"危机领导",用以应对改革过程中固有的不确定因素(Hancock,2012),关于这种角色的重要性颇具争议。领导者有目的地对改革过程加以引导,针对改革过程中的挑战和机会做出调整。他们就像是应对不确定性(尤其是来自利益相关者的不确定性)的缓冲器,持续关注基于新愿景的改革结果,试图确保改革带来的利益大于风险。

嵌入21世纪教与学的技能和支持系统

新加坡女子中学的整体改革证明了以21世纪知识和技能为目的的长期改革的意义。学校领导者认识到,这种未来取向应该来自于一场关于教与学技能及支持系统的根本性变革。

课程:课程的重新设计以深入学习"通过设计走向理解"(UbD)框架为开端。校长聘请了国际顾问团,帮助领导者和教师理解新的课程设计。学习在所有部门同时进行,以改革为引导,由各部门领导进行监督。尽管课程的重新设计因部门的不同而不同,到2008年所有部门都开始着手跨学科课程设计和深化课程的多元化。

教学和教学法:"综合课程"要求以学生为中心的教学法和教学实践,所以学校在全校范围内践行了以学生为中心的原则,并对教师进行了内部强化培训,提高教学能力。在改革进程中,教师成了教学法的学习者,截止到2008年,大多数教师都采用了学生为中心的教学法,强调21世纪技能、知识和倾向。近来,根据相关的教学改革,学校已经开始实行1∶1的电脑配置(每台学生配备一台笔记本电脑)。

评价和标准:评价的重新设计是课程重新设计之后的第二项重大改革。校领导明白"通过设计走向理解"框架要求真实的表现性评价任务和其他形式的评价实践。校领导把这一观念以及国际顾问的建议都介绍给各部门。由一名主任对任务设计和课程与21世纪知识和技能之间的一致性进行监管,使这些评价实践、表现任务和评价标准都符合以学生为中心的学习和课程。

学校组织结构:真实的表现性评价任务的设计和实施需要部门间的跨学科协作。学校安排了强制性的协作时间让教师们进行跨部门工作,去设计和调整评价和具体实践。学校的课程表调整成了双周安排,为深入学习跨学科课程提供更多时间。但是,由于教学楼老旧,空间有限,教室配置的灵活性受到了限制(几年后学校会搬迁至新校园)。

  教师专业发展：学校组建了多个专业学习共同体，鼓励教师进行创新型学习。各级各层领导和员工一起工作，合作设计新课程，分享实践活动，指导全校整体改革。校长参与了众多专业学习共同体和工作坊。学校建立了一个学校内部的教师学园，为新教师提供三年的强制性专业发展项目。学校鼓励教师通过其他院校、奖学金项目、研究活动和研究生教育来促进专业发展。2010年，学校与新加坡国立教育学院合作建立了一个校内研究中心，进行校本研究，提高教师的科研能力，与其他学校共享知识，持续性地致力于帮助教师发展成为专业人才。

  文化和环境：学校组织的新能力和新结构有助于形成学习的文化。校长认为培养一种学习文化对应对改革非常重要。这种学习文化逐渐被锤炼为能够应对学校改革过程中获得的理解力和洞察力。那些共用的元语言和平台也得到了发展，成为理解变革和见证对课程、评价和教学法的新理解的工具。

  总之，21世纪的教与学实践、技能和支持系统的融入过程在上述分支体系中重复发生。这是一个非线性的网络化过程，那些分支体系（尤其是课程、评价、教学法和教师专业发展）不断地以21世纪知识技能的学校愿景为参照。学习技能和支持系统由学校领导者推动，尤其是以学习为中心的和分布式的领导力的实施推动的。重新设计的工作持续了八年，分阶段进行，首先进行课程的重新设计，然后是评价方式，再之后教学法，随后是各系统的同时开发。因为学校一直在寻找用21世纪知识、技能和倾向来培养学生的创新方法，第二位校长在任期间，改革继续进行。

两个案例中改革道路和领导力的比较

  尽管两个案例研究中，一所学校是公办小学，另一个是更有独立性的私立中学，但两所学校的改革也有共同点。首先，两所学校都信奉并致力于尽最大可能造福学生和社会这一关于未来学校教育的长期愿景。他们都认识到，当前传统的教育传输模式虽然有助于取得小范围的高风险的学习结果，但长期看来并不能为21世纪教育和培养学生。其次，两所学校中重新设计的工作重心都是通过教育技术和教学法的改革，以促进个性化学习和以学生为中心的学习为目标的课程、评价和教学策略。第三，虽然采取了不同的分权方法，但两所学校都认识到权力分布的必要性。新加坡女子中学比较谨慎，从校长开始自上而下进行；而刚毅小学则更多自下而上进行，更加自然。第四，两所学校的领导都认同，改革要靠教师的参与，要靠强化的专业主义和教师的专业发展。两所学校都通过教师驱动的研究和学习模式来提升教师的专业实践。第五，两所学校都表现出与改革的主要利益相关者进行交流和让他们参与改革的意愿，愿意去集思广益，拓展资源，并与其他学校共享。

两所学校也有很大的不同。改革的驱动力不同，改革的步伐和参与者的规模也不同。新加坡女子中学的改革驱动力来自于要实施新的"综合课程"，要求对学习、教学和评价进行更加彻底的和群策群力的重新思考。刚毅小学的改革在很大程度上则是为了掌握新的学习和教学技术。两种学校在学校设计模型的很多要素（如，教师专业发展和课程的整体改革）之间的关联性最近才得以实现。

刚毅小学的分布式领导从一开始就是混合型的，兼具自上而下和自下而上两种方式的特点。而新加坡女子中学的领导力则更倾向于自上而下，尤其是初始阶段，之后慢慢变成自上而下和自下而上两种方式的融合。

刚毅小学利用社会关系和与一些公司的关系融资建立起高技术的学校学习环境，新加坡女子中学这一特色不明显，原因可能在于它其实是一个在财政上更加独立的学校。

新加坡女子中学的教师专业学习共同体（PLCs）由校长发起组织，校长也直接参与学习共同体，以确保它的发展方向、持续性和责任。刚毅小学的专业学习共同体则更具生成性和非正式性，即便在改革初期的几年，学校鼓励教师们组成自己的学习圈时也是如此。后来为了满足教师希望通过小规模的"亲身体验式"的课程来实现专业发展的愿望而变得更加分散和自主。

虽然两所学校的课程改革都是关于21世纪的知识和技能，但是新加坡女子中学关注的是创新和创造性技能、公民意识和生存技能、批判性思维、问题解决能力和全球意识，而对刚毅小学最重要的则是利用ICT能力作为实现新的学习目标的工具。

可以用学校设计模型来总结两个案例学校改革过程中的领导力。新加坡女子中学的校长意识到了各种要素之间多元的相互关系，但改革的过程中有着创新和改革带来的挑战,而不管是创新还是改革都伴随着改变的新机遇,在应对这些挑战的过程中改革也在演变发展。当改革动力加强,很多因素开始同时发生变化而不是按顺序进行。校长则是在环境发生变化时,按照她自己认为的要发起改革并维持和推广革新势在必行的事情,把自己的关注点和精力调整至改革的特定方面。相比之下,刚毅小学的领导则没有预先的总体规划或者策略:早期的改革往往是小规模的互不相关的。随着时间推移,改革逐渐变得更加全面,互相之间的联系也更加紧密。到 2010 年,新校长上任,设计了条理清楚的总体愿景,更多的利益相关者参与其中形成"集体智慧"。但是,改革过程一直受到两种核心观念的支配:学生利益是一切改革的核心,掌握技术是为了促进教和学。

结论

运用学校设计模型并且理解了两所新加坡案例学校的改革过程,我们可以得出如下结论。第一,学校改革的责任首先落在学校和学校领导,尤其是校长的肩上。即便是在新加坡这样传统的集中化学校管理体制下也是如此,新加坡教育部的相关政策框架支持学校层面的创建 21 世纪学习环境的改革举措。学校领导力需要改革,校长不能过于依赖集中化管理,在全球人们越来越认识到这种需要。第二,不只是差学校才要通过改革创建 21 世纪的学习环境而得以重建。实际上,按照公共考试和考试成绩等传统指标,两所新加坡学校都很成功,虽然成功的方式不同。但两所学校都不自满,这种不自满的精神推动他们走在"教育游戏"和竞争的前面。第三,因为学校设计模型在其自身要素中提供了包括领导力在内的综合要素,也提供了一种方法论,这就提供了面向创新型学习环境的改革所必需的核心要素,这种模型在面对各个学校不同而独特的改革路径时能够做出调整和包容,具有普适性。

作者之一(Dimmock, 2000)曾提出,学校重新设计的原则或基本要义是共通的。所有进行学习环境改革的学校都必须考虑学校设计模型中共同的因素。改革的成功意味着:

- 找到改革的驱动力并将其最大化。

- 确认学校设计模型中的因素和它们间的互相依赖性,领导力要保证战略上的高度一致和功能间的相互关系。
- 根据逆向规划和迭代规划,用实现要素间的协调一致和协调增效的方法,对重新设计的要素的实施进行排序。

改革的一个明确的起点是去构想学习结果(知识、技能和价值观)和期望培养的那类毕业生,以及关于改革动机的愿景。其他主要因素涉及最有可能实现学习结果的学习过程,如新的课程、教学法、评价与技术的配置,课程表、学生分组和教师分组等支持结构,以及以学习者为中心的、分布式的、网络化的领导力等。在学校广度和深度上的改革囊括了以上所有因素,并认为它们在功能上相互联系,因此而实现了镶嵌性、持续性和可扩展性。事实上,很多在经历改革的学校会踏上一条从学校设计模型的角度来看不完整的路。他们可能想设计一个普遍适用的与学校设计模型相同或者相似的模式,但却只完成了其中一部分要素的重新设计。或者更有问题的是,只进行了几项独立的阶段改革而没有一个设计模型处理各要素间综合性的、操作性的逻辑关系。

领导力是学校设计模型中一个必不可少的主要构成部分。在21世纪学习环境的特点中,领导力的三个重要特点首当其冲。在逆向规划和迭代规划过程中,我们明确提出一个问题:21世纪的学习环境的特点和要求需要什么样的领导形式?这个问题颠覆了传统的思维,按传统思维会先问"要继续向前需要什么类型的领导?",之后是"领导会推行什么样的教学方法?"。逆向规划和迭代法产生的以学习为中心、分布式、共同体网络化这三种领导形式并不全面,但却被视为学校整体范围改革中领导力的重要支柱。两个新加坡学校改革的案例显示,21世纪的领导力还要重视制订策略的能力、政治敏锐性、风险承担能力和大无畏的精神。这些也是21世纪学校改革非常重要的特点。

因为每所正在进行改革的学校行驶在自己的改革道路上,因此各改革要素的速度和顺序、对特定要素的重视、领导力的风格和类型都不相同。启用学校设计模式,必须考虑每所学校及各个体制的独特性,反映其文化规范、管理和领导力的方式;反映学校类型、目标、规模和学生数量;反映可用的资源;反映教师的专业化程度;尤其是反映每所学校及体制的改革起点。它还反映改革的主要驱动力。文化规范在形成改革过程中的领导力的不同模式和风格方面尤为重要：比如在亚洲的等级社会结构中，"分布式领导"的配置一般会和在盎格鲁—撒克逊文化中的社会组织中有所不同(Dimmock，2012)。

因此，在未来几十年，随着学校施行改革的判断力的提升以及教师和领导者的专业化水平的提高，学校会通过不同途径来推动面向21世纪学习环境的改革。我们可以得出这样一个结论，学校设计模型本身是可推广的，并且具有很高的效力，尽管操作过程中的驱动力、过程和关注点会因为每个学校系统的特定境脉而有所不同。改革21世纪教育系统最后一个要求是标准化、一致性和收敛性，这是一件好事。

参考文献

Barber M., F. Whelan and M. Clark (2010), *Capturing the Leadership Premium: How the World's Top School Systems are Building Leadership Capacity for the Future*, McKinsey & Company, www.mckinsey.com/clientservice/Social_Sector/our_practices/Education/Knowledge_Highlights/~/media/Reports/SSO/schoolleadership_final.ashx (accessed 29 December 2011).

Biggs, J. (1999), *Teaching for Quality Learning at University*, Open University Press, Buckingham.

Bolam, R. et al. (2005), *Creating and Sustaining Effective Professional Learning Communities*. Research Report No. 637, Department for Education and Skills, UK.

Blythe, T. and D. Perkins (1998), "Understanding understanding", in T. Blythe (ed.), *The Teaching for Understanding Guide* Jossey-Bass, San Francisco, 9-16.

Covey, S. R. (1989), *The Seven Habits of Highly Effective People*, Free Press, New York.

Dimmock, C. (2012), *Leadership, Capacity Building and School Improvement: Concepts, Themes and Impact*, Routledge, London.

Dimmock, C. (2000), *Designing the Learning-Centred School: A Cross-Cultural Perspective*, The Falmer Press, London.

Dimmock, C. and J. W. P Goh (2011), *Transformative pedagogy, leadership and school organisation for the 21st century knowledge-based economy: the case of Singapore*, School Leadership and Management, vol. 31.3, 215-234.

DuFour, R. and R. Eaker (1998), *Professional Learning Communities at Work: Best Practices for Enhancing Student Achievement*, Solution Tree, Bloomington, IN.

Elmore, R. F. (1979-80), "Backward mapping: Implementation research and policy decisions", *Political Science Quarterly*, 94(4), 601-616.

Gopinathan, S. (1985), "Education in Singapore: Progress and prospect". In J. S. T. Quah, H. C. Chan, and C. M. Seah (eds.), *Government and Politics of Singapore*, Oxford University Press, Singapore, 197-232.

Guile, D. (2006), "What is distinctive about the knowledge economy? Implications for education", in H.

Lauder, P. Brown, J. A. Dillabough and A. H. Halsey (eds.), *Education, Globalization, and Social Change*, Oxford University Press, Oxford, 355-366.

Hancock, D. (2012), "The case for risk leadership", *Strategic Risk*, November 2012, at www.strategic-risk-global.com/the-case-for-risk-leadership/1399431. article (accessed 14 May 2013).

Hargreaves, D. H. (2003), "From improvement to transformation", Keynote lecture at International Congress for School Effectiveness and Improvement, Schooling in the Knowledge Society. Sydney, Australia, 5 January 2003.

Heck, R. and P. Hallinger (2009), "Assessing the contribution of distributed leadership to school improvement and growth in math achievement", *American Educational Research Journal*, 46(3), 659-689.

Hogan, D. et al. (2013), "Assessment and the logic of instructional practices in Secondary 3 English and mathematics classrooms in Singapore", *Review of Education*, 1(1), 57-106.

Hogan, D. and S. Gopinathan (2008), "Knowledge management, sustainable innovation, and pre-service teacher education in Singapore", *Teachers and Teaching*, 14(4), 369-384.

Hord, S. M. (2008), "Evolution of the professional learning community", *Journal of Staff Development*, 29(3), 10-13.

Louis, K. and S. Kruse (1995), *Professionalism and Community: Perspectives on Reforming Urban Schools*, Corwin Press, Newbury Park, CA.

MacBeath, J. and N. Dempster (eds.) (2008), *Connecting Leadership and Learning: Principles for Practice*, Routledge, London.

Mourshed, M., C. Chijioke and M. Barber (2010), *How the World's Most Improved School Systems Keep Getting Better*, McKinsey & Company, https://mckinseyonsociety.com/downloads/reports/Education/How-the-Worlds-Most-Improved-School-Systems-Keep-Getting-Better_Download-version_Final.pdf (accessed 6 June 2011).

Saphier, J. and R. Gower (1997), *The Skilful Teacher: Building your Teaching Skills*, 5th edition, Research for Better Teaching, Acton, MA.

Spillane, J. P. and J. B. Diamond (eds.) (2007), *Distributed Leadership in Practice*, Teachers College Press, New York.

Toh, Y. (2013), "Sustaining the use of ICT for student-centred learning: A case study of technology leadership in a Singapore ICT-enriched primary school", unpublished doctoral dissertation, University of Leicester, https://lra.le.ac.uk/handle/2381/27830.

Wenger, E. (1998). *Communities of Practice: Learning, Meaning and Identity*,, Cambridge University Press, Cambridge, UK.

Wiggins, G. and J. McTighe (2005), *Understanding by Design*, 2nd edition, ASCD (Association for Supervision and Curriculum Development), Alexandria, VA.

第五章 不同学校体制下学习领导力的发展途径

Tanja Westfall-Greiter　奥地利因斯布鲁克大学
Judy Halbert and Linda Kaser　加拿大不列颠哥伦比亚温哥华岛大学
Roser Salavert[①]　纽约福坦莫大学教育学院
Lone Lønne Christiansen and Per Tronsmo　挪威教育与培训委员会
Susanne Owen[②]　南澳大利亚教育与儿童发展部(策略与表现)
Dorit Tubin　以色列内盖夫本-古里安大学教育系

本章介绍了通过"创新型学习环境"项目搜集遴选出的关于领导力的创新行动及其分析。Tanja Westfall-Greiter 描述了当前奥地利改革("新中学"或 NMS, Neue Mittelschule or NMS)中培养"教师学习领导者"(学习设计者, lerndesigners)的策略。Judy Halbert 和 Linda Kaser 探讨了不列颠哥伦比亚和加拿大进行的一个关于领导力的项目,这个项目让所有领导一起参与一个关于自己学校的学习情况和不同站点间网络活动的"探究螺旋"(Spiral of inquiry)。Roser Salavert 介绍的纽约市的案例包含了专业学习共同体、辅导、教师团队和学生的"声音"。Lone Christiansen 和 Per Tronsmo 介绍了挪威的领导力培养方法、学校领导力专业发展的国家项目以及指导校长和当地学校的"顾问团队"(Advisory Team)项目。Susanne Owen 和 Dorit Tubin 介绍的南澳大利亚和以色列的项目主要描述了教育部的特定部门努力推动创新型学习并为其提供支持条件这方面的工作。

导言

领导力在策略制定和创新行动中起着重要作用,而这两者都是"创新型学习环境"项目的一部分。本章将介绍一些领导力策略和创新行动。它们多种多样,所实施的层次也不相同。它们是对前几章中的基于研究的概念性探讨的补充,呈现了奥地利、加拿大不列颠哥伦比亚、纽约市、挪威、南澳大利亚和以色列等各种不同教育传统下的不同教育体制中的多元应用和学习领导力的发展。

当前奥地利的"新中学"(Neue Mittelschule,NMS)改革中创造的教师学习领导者(学习设计者,lerndesigners)是一个在微观、中观和宏观层面可以马上实施的领导力策略的优秀案例。这种策略其目标是推动整个系统的创新改革,它通过变革代理对个体学校的学习进行改革,并为学校间网络的创建创造条件。加拿大不列颠哥伦比亚的领导力项目(创新型教育领导力证书,Certificate in Innovative Educational Leadership,CIEL)是一个为正式的和非正式的学校领导者提供培训的为期一年的研究生课程。该课程高度关注创新型学习,它将学校领导者组织到一起,开展"探究螺旋",探讨其所在学校或学习环境中学习的本质,并且在该课程结束后,还将这些不同的领导者们互相联系在一起。

纽约市的学习领导力策略和创新行动展示了领导力实施的各种方法和涉及的各个层面。通过专业学习共同体为推动分布式领导提供指导,通过协作性的教师团队促进探究,以及承认并促进学生发出"声音"的策略,领导力覆盖了变革的方方面面。挪威的案例更具系统性,它是由国家教育部下的一个国家机构所实施的,其管理安排上的分权程度很高,是范围更广的学校改革的一部分。这里介绍的两个创新行动一个是学校领导力专业发展的国家项目,另一个是指导校长和当地学校发展高质量学习的"顾问团队"(Advisory Team)项目。

南澳大利亚和以色列的项目主要描述了教育部的特定部门努力推动创新型学习并为其提供支持条件这方面的工作。南澳大利亚教育与儿童发展部的团队通过多种方式进行运作,包括会议和工作坊、一个关于改革的网站、来自创新型校长提供的兼职咨询支持、得到学术支持的实践者研究基金，以及改革快报。该项目还尤其关注改革的"实践共同体"。以色列的实验和创业处（Israeli Experiemnts and Entrepreneurship Division）旨在鼓励关于学习创新、其他教与学的方法、创新型学习环境设计等的动机和实践，其他教学方法和学习方法，及创新学习环境的设计。在对体制层面上的学习领导力状况分析的基础上进行了相关的讨论。

改革代理网络：作为奥地利教师领导者的学习设计者（Tanja Westfall-Greiter）

奥地利的学校改革创新行动"新中学"（NMS）从2008年起在67个试点学校开始，随后引发的强制性的学校改革将于2018年同步完成。2007年，在各州省（联邦州）制定出各自的改革试点学校指导方针和要求的基础上，教育、文化与艺术部颁布了国家对教育改革试点学校的指导方针。这种联邦制的方法按州省划分出九大试点区。参加的学校通过提交符合所在联邦州和教育部指导方针的一份自己学校的试点蓝图参与试点改革。学校的申请由教育部的一个审查委员会正式审批通过。尽管"新中学"目前是强制性的改革，但是这一选择性参与的过程还是合适的，至少让那些"实施"改革措施而非"试用"的学校拥有了一些动态的主体感。

教育部聘请了"新中学—开发支持"（NMS-Entwicklungsbegleitung，NMS-EB）这一外部顾问团，在试点过程中对系统的开发提供指导。NMS-EB创建了一些网络活动，让教育系统中各级别的人都参与进来，并催生了一个新角色："学习设计者"。"学习设计者"是在与公平和卓越这些改革目标相关联的课程与教学开发领域具有特定专长的教师领导者。在每所"新中学"试点学校，都有一名教师被任命为"学习设计者"，参加国家和地区的"学习工作坊"（Lernateliers）以及当地的网络活动。理想状况下，他们作为改革的代理与校长和其他教师领导者（学科负责人，学校发展小组等）在一个共享的领导动态关系中开展行动。创造改革代理这一角色，并对他们进行资格培训，促进他们的网络交流，这背后的道理是明确而有重点的：只有改革代理形成相互关联的网络并建立起实践共同体，所有系统层面上的改革才能实现。

试点改革于 2012 年 9 月结束，NMS-EB 外部顾问团也随之结束工作。为了继续推动积极的变革，培养对"新中学"中所有学生而言都非常公平且富有挑战性的学习环境，教育部于 2012 年成立了国家学习型学校研究中心（National Centre for Learning Schools，CLS）。该中心由原 NMS-EB 外部顾问团成员共同管理，有两个中心目标：首先，保持并发展学校间的联系和实践共同体；第二，在专业资格课程、专题讨论会及网络交流方面为作为变革代理的"学习设计者"提供支持。

"学习设计者"网络

"学习设计者"网络的基本目标是以学校特定的改革原则为动因，促进每所学校创建有效的学习环境（Marzano，2003），并专注于公平和卓越的目标。该策略有赖于使教师成为合格的教师领导者，从而让这些教师领导者和所在学校实现有效的共享式领导。DuFour(2002)认为，学校领导者的中心任务是培育专业学习共同体的倾向和结构。学校领导比以往任何时候更加需要关注学生的成就以及在全校培育一种学习的文化。

Barth(2000：v)指出，"学习型学校"的概念却是如此复杂且要求苛刻：

"我们的学校是一个学习者共同体！"多少次我们耳闻这样的话，现在在公立学校它又是多么盛行。事实上，这是一张难以兑现的期票。这一承诺意味着学校首先是一个"共同体"，这个共同体拥有很多成年人和年轻人，他们彼此关心、珍视和支持，并为全体的利益而共同努力，他们有时相互帮助，有时相互祝贺。我发现只有少数弥足珍贵的学校履行了"共同体"的职责。其他很多学校仅仅只是组织或机构而已。既然"共同体"都难以保证，就更谈不上"学习者共同体"了。一个学习者共同体是这样一种共同体，它对成员的最重要的要求就是成为一个学习者，无论这个成员被称作学生、教师、校长、家长、教辅人员还是编制内人员。每一个人都要是学习者。这个要求高到难以达到。很少有学校有要达到这一要求的愿望，而实现这个愿望的学校就更少了。

典型的奥地利学校拥有扁平化的组织结构,学校文化由"自治平等"的模式所主导。在这样的文化环境下,每位教师享有管控自己课堂上一切事务的同等自由(Lortie,1975)——与那些签出"难以兑现的期票"的充满活力的学习型学校差距很大(Schratz and Westfall-Greiter,2010)。不出意料的是,"学习设计者"过去是,现在仍然是一个强有力的从制度层面进行干预的角色。因为教师领导者作为"学习设计者"的官方职能在学校规定和薪资结构中还没有体现出来,因此,每个"学习设计者"在自己的学校环境中承担和扮演这个角色的同时也创造着他/她自己的角色。

"学习设计者"也不是一个孤单的角色。由于整个教育体制的改革,2008年开始出现了几个影响学校的社会架构的新的教师领导者角色。在"新中学",这些新角色包括处理教育部规定的特定事宜(网络学习、性别问题、文化与艺术项目、标准与学校质量)的联系人或协调员,作为学校特定模型一部分的学校层面的学校发展团队成员和协调员,以及联邦州的指导方针规定的角色,如维也纳的"学习教练"(learning coach)。这些教师领导者中,"学习设计者"是最引人注目的,部分是由于他们为期两年的包括面对面的全国活动在内的资格课程,部分是由于"学习设计者"的名称。这一名称是对"新中学"推行的新的教与学文化的一个笼统的术语,这个新术语很早就受到一些媒体的关注,现在在各级教育系统已经成为一个常用词汇。

在一个教师领导角色中,"学习设计者"作为变革代理的有效性很大程度上取决于该校的文化和领导力的深入程度。从2010年中对第2代和第3代"学习设计者"("新中学"出现的第2年和第3年开始)的一项非正式调查可以看出,这一角色是如何形成的(Westfall-Greiter and Hof bauer,2010)。该调查中,第2代和第3代学习设计者针对"'学习设计者'的工作职责是什么?"这一问题有一分钟时间的书面回答。收集的答案显示,作为教师领导者的这一角色主要体现在与校长以及其他变革代理共同承担领导责任:

一位接受调查的"学习设计者"写道:"'学习设计者'为新的学习文化和评价方式准备播种的土壤。"同时,因为这是一个全新的角色,因而具有不确定性。在进行试点

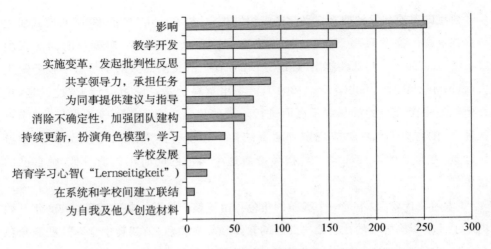

图 5.1 "学习设计者"的工作职责是什么?

来源:Westfall-Greiter, T. and C. Hof bauer (2010).

的第二年,"学习设计者"在学校里已经成为一个提出问题和解决问题的重要角色。一位第 3 代的"学习设计者"建议:"当同事带着问题来求助的时候要会倾听。努力寻求解决方法。不要放弃或对提问厌倦。(情况是否已经有所好转?如果没有的话,原因是什么?怎样做才能对改善情况有所帮助?)"虽然如此,承担这一角色对有些人来说也并非易事,正如一位教师所言:"在我们学校做'学习设计者'很难。我认为我的工作是一个很好的例子。'学习设计者'这一称谓渐渐地不再受嘲笑。同事们渐渐看到了我在做一些不同的事情。渐渐地也有人来提问——'遇到这种情况你怎么做……?'"(Westfall-Greiter and Hof bauer, 2010)。

除了面对面的课程,还有在线的交流和反馈。这个策略是通过与教育部签约的一家公司密切合作开发的,在在线学习、数字媒体和数字化能力领域提供数字基础设施和系统研发创新。"新中学"的发展得到了一个在线平台的支持,这个平台由约 200 个 Moodle 教育课程构成,这些课程由国家虚拟教师教育中心(网上校园 VPH)(National Centre for Virtual Teacher Education, Online campus VPH)与国家学习型学校研究中心合作运营。此外,"新中学"的在线图书馆于 2012 年秋开放,作为"新中学"相关资源的入口。这些资源包括国家学习型学校研究中心开发的最新课程和教学资源、校长双周通讯、通过个人叙事展现的"新中学"经验、一系列在线活动,以及由"网上校园VPH"发行的"新中学视界"的出版物。

资格课程

为期两年的"学习设计者"国家资格课程极大地丰富了他们的个人经历。通过该课程的学习,他们能够在与教学质量相关的专长领域获得理论视野和实践视野,共同发展作为教师和教师领导者能够在他们自己的学校中有效工作所必需的知识和技能,以及与其他"学习设计者"交流所必需的知识和技能。针对试点学校的需求,经过三年的发展和提炼,构成"学习设计者"资格的六个发展领域通过"新中学之家"(NMS-House)得以呈现出来,这六方面对变革"新中学"中每一个学科的每一节课中形成的学习文化必不可少(图5.2)。

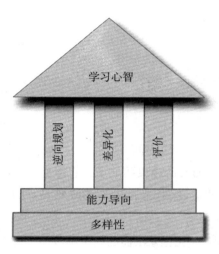

图 5.2 "新中学之家"

- 学习心智(Schratz, 2009)
- 多样性
- 能力导向
- "逆向规划"课程开发(Wiggins and McTighe, 2005;Tomlinson and McTighe, 2006)
- 差异化教学(Tomlinson, 2003;Tomlinson and Imbeau, 2010)
- 评价(Earl, 2013;Wiggins, 1998)

"学习设计者"获得的证书相当于进修硕士学位课程的12个学分。该课程包括了旨在帮助"学习设计者"构建网络和专业资格的全国性和地区性的"学习工作坊"(Lernateliers),以及一个在线的自学模块。它还包括了以探索校本专业学习共同体

(PLCs)为目的的基于实践的任务。"新中学"(NMS)平台上的"元课程"(Meta-Course)是针对所有"学习设计者"的虚拟网上交流和学习空间。访客无法登录该空间,所以"学习设计者"可以放心地就他们的发展工作交换想法,获取反馈意见。开辟这个数字空间的目标是:

- 建立各代"学习设计者"之间的联系
- 促进交流、学习和发展
- 培育身份
- 为学习材料提供发布空间
- 使"学习设计者"和国家开发团队能够直接交流
- 提供即时信息
- 组织校内专业学习共同体的研究

在试点实验阶段,"元课程"对"学习设计者"的助益已经很明显了。它促进了沟通、交流和常规联络,让他们学到了专业知识和技能,同时也获得了支持和关系的建立。

针对2012—2013年的第五代"学习设计者"项目是由国家层面的国家学习型学校研究中心和负责义务教育阶段教师教育和教师继续教育课程以及学校发展措施的教育学院(*Pädagogische Hochschulen*,PHs)合作的。这种新的结构需要在几个系统层面上进行原型设计。为了推动项目的发展并促进向教育学院的过渡,教育部为项目的开发提供了项目启动资金。五个教育学院同意参与原型创建。项目领导者及其培训团队每年和国家学习型学校研究中心会见两次。2011—2012年由几方共同架构的课程成为了项目开发的共同基础。

主要策略

因为"学习设计者"资格课程和新学校改革的实施是同时进行的,所以资格课程项目就是指导各个"新中学"发展的国家关键战略。为了促进改革,每个学校的校长们会受邀参加全国网络会议,在会上可以讨论自己的领导问题。此后,学校校长网络会议被"学习设计者"和校长全国联合学习工作坊取代。参会者对会议的反馈非常积极,已经称它为"学习设计者和校长动态发展二重奏"(Dynamic development duos),认为这是使"学习设计者"成为有效的变革代理的关键。

此外,2012年初开了两次专题讨论会,试行在全国范围内对已经完成"学习设计者"资格课程的第一代和第二代学校继续维持"新中学"网络的策略。已经不在国家课程项目中的"学习设计者和校长动态发展二重奏"受邀参加了一个为期两天的专题讨论会,在会上他们可以了解最新的信息,还可以参加关于"新中学"目标和发展问题的讨论会。参会者的反馈都非常肯定,所以在2012年12月又为第1代到第3代的"学习设计者"举办了三期地区性的专题讨论会,并计划2014年1月再为第1代到第4代的"学习设计者"举办四期类似会议。

"学习设计者"网络的主要领导者是教育部及其副部长Helmut Bachmann,Claudia Schmied部长是"新中学"学校改革的发起者,Helmut Bachmann副部长是"新中学"改革项目的领导者。除了之前提到的合作机构之外,国家学习型学校研究中心也和包括国家天才教育研究中心、国家多语种教育研究中心、国家个人发展和社会学习研究中心在内的其他部属国家研究中心建立了联系。"新中学"改革项目与奥地利教育部的其他教育创新项目也有密切的关系,如标准实施项目(implementation of standards,BiSt)、义务教育学校办学质量项目(school quality for compulsory schools,SQA),对混合不同性别、种族和信仰的以及特殊需求的多元化和公平的测量项目。日常交流以及与教育部关键人物每年一次的会面保证了国家学习型学校研究中心的发展和这些核心的创新项目之间的一致性。

由于NMS-EB外部顾问团的文化,以及教育部的负责人都特别关注关系的建立,"新中学"中的个人、当地学校官员和教育学院出现问题或困难时,都会通过电子邮件直接与国家学习型学校研究中心和教育部"新中学"项目组人员联系。这样做优缺点并存。个人之间的联系保证了支持的针对性,但是因为人员不足造成操作上的困难,尤其在新信息和新要求发布之际个人问题增多的时候。每半年,学校官员、地区发展团队和教育学院项目发展人员会召开一次全国会议。另外,每年两次的工作会议和在线交流也保持了"学习设计者"资格课程的主管和员工之间的合作。

基于证据的开发需要数据支持。奥地利学校系统教育研究、创新与发展这一奥地利考试和评估机构（奥地利教育创新和发展研究会 Bildungsforschung, Innovation and Entwicklung desösterreichischen Schulwesens, BIFIE）每年与评估委员会（Evaluationsverbund）合作在"新中学"试点学校进行定性研究，评估委员会由各州省的学校当局代表组成。这些研究的概念框架是由评估委员会制定的，这样他们能够根据他们的发展问题进行研究，获得希望得到的数据。2012年春天一项对"学习设计者"的定性调查显示，教育体制内需要对此做出正式的职能界定，这一点在2010年Westfall-Greiter和Hof bauer所做的一项分析中也得到了确认。专业学习共同体只是试点阶段的一个建议做法，但在大多数学校里专业学习共同体的工作看起来都安排得很好，这也让人有些惊讶。为专业学习共同体提供指南和问题好像对它的发展起到了积极的作用。

此外，为了更好地了解这些成年人的学习，2011年12月进行了一项用情境实验（vignette methodology）的研究方法开展的关于"学习工作坊"中的"学习设计者"的学习研究（Kahlhammer, 2012）。该研究过程中，国家学习型学校研究中心也与因斯布鲁克大学学习研究中心密切合作。第二代"新中学"中的学习研究被整合到"学习设计者"的课程项目中，被称作"情境"（vignettes）的研究方法通过"学习工作坊"得到了发展和发布，为专业学习共同体提供了操作指南（Schratz, Schwarz and Westfall-Greiter, 2012）。

"学习设计者"资格课程项目中的课程也被教师教育发展委员会（Entwicklungsrat zur PädagogInnenbildung, NEU）认可，并影响了新的硕士学位教育课程项目和初中教师教育新课程指导方针的制定。"新中学之家"（NMS House）中六个资格领域的识别和整合在这样更广的环境中加强了所有的改革措施。本着同样的精神，之前提到初级中学的三种主要改革措施（标准、学校办学质量和"新中学"）的联系和整合都传递到了教育系统内的各级参与者，促进了改革的有效性和影响力。

奥地利初级中学的教育改革历来具有政治性，它的改革驱动力源于学校系统中的公平问题，这也是OECD（经济合作与发展组织）和欧盟委员会的建议关注的问题。所以教育部的政治追求无疑是此次改革项目成功的关键，但是改革试点的成功因素却很难判断。部分原因在于对初中学校中很多校长和教师而言，改革时机已经成熟。教育部长也到各州省与相关人员交流,起到了积极的整合作用,也加强了初级中学系统的改革决心。此外,2009—2010 年一项针对家长的调查之后,家长中也形成了一个网络,这一网络通过学校简报、在线平台和"新中学"项目团队的热线服务电话得到了巩固。

人们一般认为全国性的交流网络和变革代理是成功的关键,但这需要有数据支持。NMS-EB 外部顾问团关注构建所有系统层面上的网络,所以在试点改革的第二年改革得到了大量的数据,到第三年改革的士气已经无法压制了。这可能是学校改革的强制性阶段的推行要比计划中早的一个原因。

"学习设计者"网络获得成功的因素更容易确认:
- "学习设计者"的在线平台使得观念和创新的沟通与交流更方便。
- 融入了资格课程的定期网络活动促进了身份的培育以及专业化和自信心的建立。
- 个人之间的关系、相互支持和专家意见的方便获取促进了信任感的建立。

要成功引入"学习设计者"这个角色困难很多,尤其是要让教育系统所有层面上的参与者接受并与之合作。共享式领导的建立和形成是一个自发的行为:如果学校不愿参与分权也没办法,因为外部的咨询机构没有任何正式权力。从这个角度来说,地方学校当局的参与和支持非常宝贵;他们的强烈推荐和某些情况下能力范围内的强制参加提高了学校方面的参与度。个人层面的信任关系也起到了明显的积极作用。"学习设计者"角色的建立和实施以及强大的学校网络建立的原因还包括:教育部对全国网络会议、资格课程项目的资金支持,以及教育部一些重要领导者的合作和贡献确保了学校发展策略与其他的教育创新行动举措及机构之间的联系。

"学习设计者"在薪酬方案和学校规定中还没有得到确认,这导致了这一角色虽然存在,但其职能却未得以正式承认。九个地方学校当局中除了一所外,其他所有学校当局对"学习设计者"的重要性达成了共识,并提议将"学习设计者"的职能与资格课程联系起来,当这一职能确实存在之后,他们才会强烈推荐学校采纳。人们期待今后很多教师教育领域(*Pädagog Innenbildung NEU*)的其他改革(主要是在教师教育领域)能够加强"学习设计者"这一角色并且创建其职能。与工会就有关教师的用工规定达成相关协议对奥地利所有教师领导力角色的长期可行性和有效性也有影响。"学习设计者"与工会的协商已经提上了日程,协商议题包括增加工资以及减少教学时间以作为补偿。

奥地利的教育具有强烈的政治色彩。虽然教育部的政治意愿和政治支持已经很强,但地方上会出现很大的变化,由于奥地利政治和决策受强大的联邦制影响,这些变化会进一步加剧。关键在于要加强对与办学效益和学习者的学术成就相关的办学质量问题的引导。

创新型学习环境：不列颠哥伦比亚的领导力发展 (Judy Halbert and Linda Kaser)

不列颠哥伦比亚 (British Columbia, BC) 在教育质量和教育公平性方面,从多数标准来看都做得很好。但是,众多教育不公平的存在以及政治教育环境仍然对不列颠哥伦比亚的教育提出了挑战。教师协会和政府之间的紧张关系有时制约着整个 BC 教育系统的持续进步。几年来我们一直在寻求建立冲突之外的"第三空间",部分就出于这个原因,在"第三空间"里教育者能够探究、体验新的学习方式,尝试有利于学习者的新的实践。"空间"之一就是利用探究与创新网络 (www. noii. ca),它通过集中探究把全省所有学校连接起来。温哥华岛大学的创新教育领导力 (Certificate in Innovative Educational Leadership, CIEL) 研究生课程项目是这类"空间"的另一个代表。

CIEL 课程项目是为有兴趣通过探究性和创新实践将所在学校改革成为高教学质量和教育公平的学校的正式和非正式领导者提供的为期一年的研究生课程项目。这个项目在不列颠哥伦比亚有重大意义,因为其课程既具有加拿大本土视野又有国际视野,同时它还强调识知的本土方式。

CIEL 课程项目首先通过集中性的面对面的暑期课程让参与者学习关于学习和领导力的研究知识,之后参与者在这些知识的影响下开展为期一学年的行动。在一个严格的探究性框架中,每个学员发现在自己的教学环境中学习者所面临的重要挑战,并且在该学年中设计出新的教学方法。对自身的探究过程的常规反思以及对一系列阅读材料和网上资源进行反应是一个在线共同体的一部分。此外,参与者还需要研究

"创新型学习环境"项目中的案例,找到自己感兴趣的国际案例——感兴趣的原因或者是该案例与自己学校的环境相似,或者是与自己学校的环境相反——并对该案例再加研究,之后要演示将怎样将案例中的改革思路运用到自己的学校。每个学员都和一位来自自己学校的同事一起合作学习,并且和几个学员一起组成独立团队。完成该资格课程就是完成了一项强调协作式实践和基于问题的学习的独一无二的硕士课程设计。

CIEL 课程项目的一个重要特点是就读该课程的研究生在课程完成后有机会通过持续参与"探究与创新"网络来拓展学习和加强联系。这种分层式的网络学习机会帮助他们保持并拓展其领导力的影响。

CIEL 是建立在我们之前在维多利亚大学设计和领导的一个研究生领导力课程项目的经验之上的,该课程围绕源于国际研究的七大领导力思维模式(Kaser and Halbert,2009)而设计,并通过不列颠哥伦比亚的案例研究得以证明。CIEL 项目及之前的早期项目都受到了关于学校领导力发展的国际研究的影响,尤其是 Stefan Huber 和 Viviane Robinson 的研究。Huber(2010)关于学校领导力发展的研究指出了一些在 CIEL 课程很突出的特点。这些特点包括:

- 领导力课程需要一套以学校核心道德目标为中心的明确而清晰的目标。
- 领导力课程必须建立在价值观和教育信仰的基础之上。
- 领导力的发展必须被视为一个连续的过程。
- 要从学习固定不变的知识转向条件性知识和程序性知识、概念性知识和知识管理的发展转变。
- 理论和实践之间需要达到智力上的平衡。
- 领导力课程必须以参与者的个体需求和实际需求为重要导向。
- 鼓励社团化的学习和密切协作是很关键的要素。
- 工作中的核心是基于问题的学习和学习机会。
- 既要关注参与者的个人发展和专业发展需求,也要关注参与者所在学校的变革。

Robinson(2011)关于领导行为的研究结果与学生学习结果的提升直接相关,强调了促进、支持和参与专业学习的重要性。这也是对 CIEL 课程学员的重要期望,对他们个人探究行为也很重要。

除了以上这些整体的设计思路，CIEL课程还有三个方面与OECD对创新型学习环境的关注特别相关。第一，运用《学习的本质：用研究激发实践》（Dumont，Istance and Benavides，2010）作为深入研究的基础，该研究与《学习的本质》最后一章中提出的七大关键原则（transversals）相联系。第二，深度解析了OECD/ILE"创新型学习环境库"中的案例（参见OECD，2013，Annex A），以此促进基于世界其他地区经验的新思维和新行动。第三，使用了一个规范的探究螺旋（spiral of inquiry），这个探究螺旋关注的是创建更具创新性参与性的学习环境。

学习原则作为核心框架

《学习的本质》中的七条总结性的学习原则是CIEL领导力项目中的一套认知工具。CIEL课程的参与者对该研究进行分析，探究每一项原则，探索如何在所在学校应用这七项原则，并将他们的探索结果在最终的汇报展示中呈现给同事们。

此外，对领导行为的转换极为重要的一点是——学员亲身体验七项学习原则，这是CIEL项目为学员精心设计的。学员投入到基于问题的学习中，并经常有机会进行更加自主性的学习活动。所有对学员的评价都是特别强调描述性反馈的形成性评价。在与同事的小组活动和协作探究中，社会学习和情感学习也得以加强和整合。CIEL课程项目非常强调体验式学习和混合学习。课程中的面授部分也特意设置在非传统的学习环境中。除正规的学习外，研究生既全身心地担负起工作职责，又有家庭生活，对他们而言挑战性适度而不至负担过重非常重要。项目还让学校教育领域之外的共同体领导者融入进来，并希望参与者之间能够形成跨越校际的联系，这促进了横向联系的发展。

目前我们在与CIEL课程项目的参与者合作，在OECD/ILE七大学习原则的基础上制定一套评价标准，教育者既可用这套标准对所在学校进行诊断，也可用来促进针对深化他们的学习者学习体验的新行动。

促进改革行动的创新案例

运用 OECD"创新型学习环境"项目"库"中的案例研究对在大范围而多样化的学校环境中打开思路,基于经验思考地方当局的新责任非常有用。这些案例研究是改革和更深度的学习形式的存在证明。不列颠哥伦比亚一位睿智的长者 Chief Dan George 很多年前就说过:"我们只尊重我们所看到的。"他的言下之意是不同文化背景的人需要开放心态,去看待其他的存在方式。我们可以听到一些教育者有时会说出差不多的话:"这些(新实践、新项目、新方法)在这里永远都不适用。"

通过深入研究这些案例,CIEL 课程要求参与者透过明显的环境差异,更深刻地了解自己选择的案例并将所学运用到所在学校,并鼓励参与者不拘泥于案例本身,而是直接根据学校情况并利用网络上可用的其他资源进行检验。

结果,不列颠哥伦比亚的一所乡村小学正利用以色列一所自然学校的经验,来构建和提高对环境可持续性的关注。不列颠哥伦比亚这所学校现在是全省学校改革中一个自然学校小型网络的一部分。另外一个 CIEL 项目的参与者是一个偏远社区的原住民学校的校长,正在利用维尔纳、芬兰的案例作为模型,建立一所高度自主、热爱自然的学校。一位中学校长通过研究南澳大利亚学校案例中的人事安排和灵活的课程表,已经改革了自己学校的教学实践和教学计划。

对这些来自于其他学校的改革证据的响应很积极,这些积极的响应正推动着以前未曾预料到的行动。CIEL 课程中的"眼见"正为其获得更多的尊重和新的可能。

以探究螺旋作为改革框架

全世界的教育者都受到对教育系统改革方向和渴望的改革模式的那些看上去互不相容的观点的频繁轰炸。对教育系统进行颠覆性改革的呼声(比如我们所知道的取消学校的呼声),在那些因教育系统改革速度缓慢而颇为沮丧的人看来颇具吸引力。另外一些人敦促教育系统有意识地持续地提高教与学的质量,但他们却很少有精心构建的明确目标。从这一角度看,对改革和创新的关注只是又一种系统的分解。还有政界人士通常所倡导的一种方法,这种方法要让教育系统更能对学习者的表现负责,因为他们相信某些人总会有办法知道怎样做这件事。

尽管改革者也许喜欢讨论改进、创新和责任制的优缺点，但对在各自的当下境脉中努力将学习更多地纳入和关联到(领导力实践)的实践者来说，对这三者进行区别并无裨益。CIEL项目的根本立场是必须要有关于学习的新取向，必须要有为了学习的新设计。CIEL项目中的教育者体验到一种规范的协作探究方法，这个方法帮助他们获得了设计强有力的新学习环境(事实上是改革他们的学校和教育系统)所需要的信心、洞察力和观念模式。

探究螺旋是和奥克兰大学的 Helen Timperely 教授合作完成的，并通过在不列颠哥伦比亚和新西兰的探索研究而不断发展。螺旋的中心是关注学习者在每个阶段由这三个核心问题引发而形成的经验：对于我们的学习者来说发生着什么？我们是如何知道的？这为什么重要？我们最近出版的《探究螺旋：为了质量与公平》(*Spirals of Inquiry：For Quality and Equity*)（Halbert and Kaser, 2013）一书中对这种方法进行了详尽的描述，并引用了很多来自不列颠哥伦比亚学校的例子。探究螺旋跟其他形式的行动研究的不同在于，它持续关注学习者的经验，并以此来设计和影响整个过程。

图 5.3　探究螺旋

来源：Halbert, J. and L. Kaser (2013).

- 对于我们的学习者来说发生着什么？
- 我们是如何知道的？
- 这为什么重要？

探究螺旋第一步观测学习环境，以获得对学习者经验的深度理解。观测的过程远不是简单地看满意度调查中现有的成绩数据或结果，它还包括根据七大关键学习原则提出相关的问题，例如：

- 学习者是否把自己看作并理解自己是学习者？他们能否自我监管？他们的元认知策略是否在提高？
- 学习者是否能看到并理解不同内容领域间的关联？
- 研究学习的专业人士是否感受到学习者的情感，以及情感和动力之间的联系？
- 学习者能否获得能清楚指明改进方向的高质量的聚焦式反馈？
- 在给予同伴和收到同伴的基于共同构建的标准的反馈时，学习者是否自信并感到舒适?
- 是否所有的学习者都通过高要求的、参与性的、挑战性的学习得到了充分锻炼?
- 学习者是否经常参与高质量的、组织良好的、合作式的学习?
- 学习者带入到学习场景中的先前知识是否得到尊重和认可?
- 学校做出的每一个决策是否都以学习者为中心?

观测阶段通常会发现很多问题,但在一个学习环境中可同时进行的创新行动是有限的。所以,探究团队接下来进一步聚焦于一个影响力很大但同时又易于控制的改革领域。下一阶段要做的是围绕研究学习的专业人士自己对这一情境的解决方式,让他们展开预测。"预测"阶段会引起对"需要学什么和这样的学习将如何发生"的讨论。改革的实践包括创新的学习,而对成人学习重新进行设计就是接下来非常重要的一步。创新的学习引发创新的行动,最后一步就要检验并确定实现了多少改变。

参加CIEL课程项目的探究螺旋为参与者提供了在自己所在学校进行领导改革的体验。与其他组员作为一个协作团队来进行合作探究,使他们建立了信心,也很快让他们从别人的经历中学习了很多。OECD/ILE《学习的本质》这份报告中的研究结果为他们在自己的学校环境中来影响和设计新的学习经验提供了坚实的概念基础,而对"创新型学习环境"创新项目里国际案例研究中的观点的研究和应用,又从很多层面创造了新的可能和联系。CIEL课程项目为学习和改革的实施提供了第三个空间。

纽约市学习领导力的发展与培养(Roser Salavert)

在努力提高针对所有学生的教育过程中,纽约市公立学校系统采纳了以学习为中心的观念,在组织、管理和教学决策方面给予了学校校长更大的自主权和决策权。这次重组开始于十年前的2002—2003学年,当时我被委派到第三学区做主管,一直做到2010年。纽约市的公办学校系统是美国最大的,有110多万学生。所有学校划分为32个学区,每个学区由一个学校主管领导。第三学区位于曼哈顿的西城区和哈姆莱区,有35所学校,约14 000名学生。这里我回顾了作为变革的代理和直接观察者的经历,特别是支持、培养和发展让改革得以进行的教师和管理者领导力的主要策略。

策略1：专业学习共同体的协作与创新

直到2002年之前,学校的校长都是教学领导者,负责课程实施和其他由学校主管办公室推动的创新行动方案。随着校长取得了更大的自主权,获得了更多的职责,他们变成了实际意义上的学习领导者。就像Dimmock等在第四章中描述的那样,这种新的结构转变了校长的角色,而校长的角色转变反过来又影响了整个的学校系统。

要求校长自己选择加入一个网络是组织上的一个重大突破。校长参加的网络遵循了专业学习共同体(PLC)的原则(DeFour and Eaker, 1998)。他们已经围绕学习,发展起了一种共用的语言,并且围绕纽约市这一在经济、语言和文化上最具多样性的地区中的学校的最佳实践发展出了持续的协作精神和沟通交流。

交流网络是在"中观"层面上操作的,网络领导者及其团队的作用是作为顾问和导师,提供学校组织和管理方面的支持,从而满足地区教学和工作嵌入式的教师专业发展。这使前沿的课题研究和最佳的改革实现了无缝对接,通常明确关注校长、教师和学生在维持学习环境方面的领导力的发展和培养。纽约市教育局的人员领导了一些交流网络,但还有一些叫做"伙伴关系支持组织"(Partnership Support Organizations, PSO)的私有机构网络。福坦莫大学的PSO(作者所属组织)则不多见,福坦莫大学将其学术专场和课程项目延伸到了网络中的学校,包括给他们提供研究生和博士学位教育。

策略2：指导(Coaching)分布式领导力的发展

领导力指导是当今最有成就的组织的一个特色(Whitmore, 2009),它正成为校长在面临复杂的决策和日益增加的各种责任时的重要工具。关于教育改革的研究为这一领域提供了众多的资源,以及基于研究的实践,这些实践的证据非常充分。但在理论和实践之间,研究者认为有用的理论和校长及学校如何运用这些理论之间,普遍存在脱节(Berliner, 2008; Istance, Benavides and Dumont, 2008)。因为学校有了自主权带来的自由,有时会为了改动或调整那些已得到认可的实践自己对研究进行解释。有时则会本着好意,在运用基于研究的实践和建议时过于照本宣科,从而导致可以理解的失败。

以哈姆莱区的一所市内学校的案例为例,我在这所学校观察到对领导力的指导消除了我们上面提到的脱节现象。该学校的校长从一位采用自上而下的领导方式的管理者那里接管了这所学校。校长参加了一些分布式领导力的培训活动,阅读了大量相关的资料,但在把学到的新知识有效运用于全校改革实践中却看不到进步时,她感到了沮丧。组织和传统学校文化的复杂性对课程的实施造成了真实又艰巨的挑战。通过与领导力指导者的合作,这位校长在展望共同愿景、为严格的协作文化创造条件、有效实施分布式领导的过程中,对教师们加以指导。这些行为进一步促进学校改革实践并且提升了学生的成绩。

策略3:通过协作式教师团队促进探究

虽然教师交流网络是在"中观"层面操作的,但是应该鼓励学校校长在自己的学校里促进校内教师的合作。在这一微观层面上,我的一部分工作的目的是培养对教师专业发展和学生学习成就之间相互关系的理解,特别是那些刚来美国没有英语基础又没有接受过或仅接受过有限的母语国家的正规教育的学生的学习成就。在我的数据分析的基础上,同时为了从其他网络交流中获得经验,我还给一个不在我直接监管范围内的学校交流网络提供了支持。

在纽约市的公办学校中实行的协作式教师团队(Collaborative Teacher Team)的探究模型是对通过领导力发展促进学校改进(School Improvement through Leadership Development)的支架式学徒制模式(Scaffolded Apprenticeship Model,SAM)的调整(Talbert and Scharff,2008)。这种模式背后的改革理论主张,在一个复杂的组织中要拓展学生的成功必须要"聚焦(stay small)"。即教师团队通过系统的创造性的工作提高目标学生群体的成绩。老师们学会在仔细审视教学实践及其与目标学生的需求之间是否协调一致时,对来自不同渠道的数据进行分析和三角验证。他们一起推动实施对他们的目标学生起作用的策略,并且评估这些策略对实现学年终期学习目标的影响。之后,这些教师团队的成果会影响学校的教学和/或组织实践,从而为创新型学习环境和推动一种基于证据的学生成就的学校文化创造条件。下图中的例子是对这一过程的最好阐释(图5.4和图5.5)。

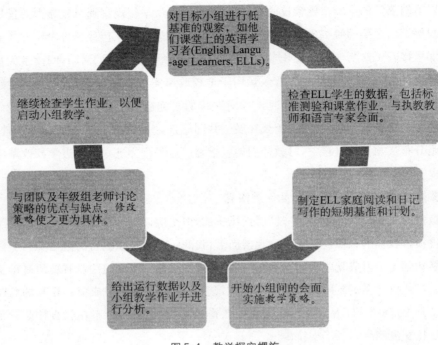

图 5.4　教学探究螺旋

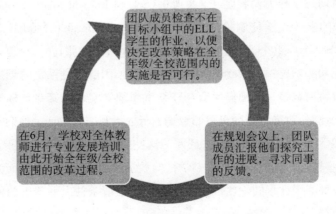

图 5.5　全校范围的探究螺旋

在布朗克斯区的一所学校,校长对这种以少量学生为目标的研究方法犹豫不决,因为该校表现差的学生太多了。该校在组成协作式探究团队(Collaborative Inquiry Team)时是有些担心的。当老师们开始对他们的观察和目标学生的进步进行记录时,校长发现老师们的态度发生了变化,他们的教学实践也有了提升。到年底的时候,多数目标学生都实现了学业目标。此外,研究团队还发现并记录下了那些帮助他们实现预期学生成绩的特定策略。校长不但祝贺了探究团队的工作和取得的成绩,还鼓励这些老师与所有同事分享研究成果。因此,协作式探究团队研究并施行的一部分策略现在已经在全校得以实施。

这个例子展示了支架式学徒模式(SAM)中"聚焦"的效果。这种重大变革的关键之一是要能够去理解随着时间的推移,影响其行为的教师间的相互关系和它们对学生学习的影响。在这所学校的案例中,教师间的协作程度是一个重要的相互关系,它也影响学生的成绩。协作型探究团队中教师的成功协作激励校长重新调整了教师的备课时间,并支持全校教师进行学习研究,从而在学校形成了 14 个协作式探究团队。

策略 4:倾听学生,给他们机会表达学习感受

关注学习的学校追求包括学生在内的所有成员的参与(Leithwood et al., 2004)。这种参与对学生作为学习者的独立性非常重要,而这种独立性也是学术能力的发展目标(NYSED,2011)。

不应该低估学生身处正式角色时的影响力,我作为领导力的指导者和学区主管一直追求的目标就是引导校长建立学术咨询团队、学生会或其他形式的学生管理组织。当校长把学生的积极参与作为促进学习的策略时,他们就在培养学生承担自己学习的责任,并展示他们创建可持续的创新型学习环境的能力。例如,在一个 K—8(从幼儿园到 8 年级)学校中,校长把写作作为在全校实行的改革策略的一个重要部分,并且邀请学生会负责组织每月一次的发布展示活动。学生们首先张贴布告宣传当天的活动,并且到各个教室推进作文的阅读,包括向同学介绍写作过程。当学生们决定就写作体裁采访老师和同学并制作视频时,学生会的作用到达了一个关键点,而当教师建议将该视频上传到学校网站并与共同体分享时,这一活动更是获得了成功。

协作和行动：更广泛的视野分享

以上介绍的这些策略展示了将教育研究和实践相结合的一些好处，并强调了其在教育改革中的重要性。我的经验也说明一个学校共同体需要首先在其成员之间建立起互尊互信的氛围。这种氛围为学习领导力的培养创造了条件。也就是说，这种氛围为协作型文化创造了条件，这种文化鼓励教师不断反思自己的教学实践以促进学生成绩的不断提高。

挪威的学习领导力发展（Lone Lønne Christiansen and Per Tronsmo）

挪威的 PISA 震撼

2001 年，当第一次国际学生评价项目（Programme for International Student Assessment，PISA）研究结果发布时，糟糕的结果让多数挪威人感到震惊。我们一直有远大的理想。我们有很多创新行动、改革和计划，政界高度认可并且支持，教师和学校管理者全力以赴，拥有的资源也超过多数国家。但是理想和现实的学校实践之间差距很大。挑战在于实施和改革。

2006 年，挪威政府通过了一个重要的学校改革（"知识提升改革"），提出了新课程并加大了地方小学教育的责任。除了要提高学生的学习成绩，本次改革在关于教育的基本原则中还指出，学校和实习培训机构应该成为学习型组织，使得教师在对他们教学的规划、实施和评价方面的合作中互相学习。

这项改革的实施责任落到了教育与培训理事会头上，这是挪威教育与研究部的一个隶属机关。这次改革最重要的两项创新举措分别是全国学校领导力项目和咨询团队项目（Advisory Team programme），以下将对这两个项目进行讨论。

领导力的重要性

按照以往传统，公共部门是利用立法和预算手段来推动改革，通常这种成效并不明显。现在，我们在挪威主要运用更强调授权的改革策略，这样做部分是因为这些策略更有效，部分是因为这些策略更加适合斯堪的纳维亚模式。授权就是给人更多新的权力和责任,通过提供支持和帮助让他们拥有更多的权力和能力。它通过引进认可、反馈和奖励机制,包括通过非惩罚性目的的数据使用,来激励和增强乐观精神,建立自信。它鼓励风险承担和非传统的理念和行动。

在这种强调授权的改革策略中,所有层面上的领导力是一个关键因素。所有类型的组织都极其需要领导力来聚焦其核心工作。学校的核心工作就是学习。关注学习的领导有很多不同的表述:"以学习为中心的领导力"、"促进学习的领导力"、"学习型组织领导力"、"学习过程的领导力"、"教学领导力"、"领导学习"以及我们这里的"学习领导力"。在很多国家都有一种看法,认为学校对管理的关注过多而对学生学习过程的关注过少(OECD,2008)。把管理和教学领导力结合起来的这一拓展性的领导角色则高度关注校长对教师及其教学的管理。

领导力对学习环境和学习结果有很大的影响。挪威的学校体制是高度分权的,它需要强有力的、忠诚的、有能力的、有勇气的负责任的领导。这种领导需要拥有"恰如其分"的角色,既要足够关注学习领导力,又要从教师那里获得合法性。在多数部门,领导力的重要性很明显,但在教育领域却不尽然。教师中对领导的抵抗屡见不鲜,学校里又没有领导直接干预教师工作的传统。但情况在发生变化,在过去的十年里,出现了很多增强教育部门领导力的不错的创新举措(OECD,2008)。

将来领导力还有可能变得更加重要。学校的自主权和地方上的自由对领导者提出了更高的要求。领导力的改革进程会更加常见也会变得更具挑战性。人口迁移与流动、数字世界、更多元的社会、个人主义、男生学业成绩低、住房变小、预算困难、持续的收入差距、社会支出压力变大等重大的社会变化将会影响学校(OECD,2010,2013b)。

一位校长要能够迎接这些挑战,他就要能扮演好领导者的角色,要有勇气和能力领导和管理学校,具备接受并承担领导职位和身份的个人能力和专业能力。领导意味着承担取得好成绩的责任。一位领导者还需要承担用合适的方式取得成绩的责任;承担让同事们在良好的工作环境中愉快工作的责任;承担今后继续取得好成绩的责任。所以,一位学校领导者除了负责自己学校的日常领导和管理工作,还要承担社会责任。按照定义,一位领导者要对自己所管辖的学校发生的一切负责,从这一意义上讲,领导者还承担着雇主的角色。

显然,有责任并不意味着领导者必须事事亲力亲为。领导主要是通过他人来实施的。领导给他人分配工作和权利,但责任本身却不能分配给他人。这也不意味着其他同事就没有责任,而是领导从来不能解除自己的责任。领导力由很多人实施,而不仅仅是那些占据正式领导或管理岗位的人。从这种意义而言,领导是一种要履行的职责,或者是一系列要执行的领导任务。同时,组织是人构成的,每个人都有自己的角色、关系和能力。对结果承担的正式责任和正式岗位上的具体的人相关。

领导力、管理和知识组织

OECD"教与学国际调查"项目(Teaching and Learning International Survey, TALIS; OECD, 2009)描述了学校领导者的角色,并调查了他们给予教师的支持。调查发现,很多国家的评价结构相对薄弱,而且并没有从学校评价、教师评价和反馈中获益。校长的角色被总结为两种主要的管理方式:教学型领导和管理型领导。在这两种类型中,挪威的教学型领导得分比其余多数国家低,而管理型领导比多数国家得分高。尽管一些研究文献把两种领导类型描写成互相排斥的,但并非如此。我们想更加关注学生的学习,但同时我们知道有效的领导力也包括行政问责和切实可行的官僚制度。

把领导者和管理者区别开来曾经非常流行。Mintzberg(2009:9)不认可那些随口说出来的区别:"如果将领导力放置到一个脱离了管理的基础上,我们就将一个社会性的过程转变为了一个个人化的过程……我想把管理放在前面,把它和领导一起看作是自然融入在我们可称之为的'共同体精神'的两个部分。"他既没有把管理看作是科学也不把其看作是专业,而是看成实践,主要在体验中学习并植根于环境中。领导力的实践必须通过学徒、导师和直接经验等方式在工作中习得。在 Mintzberg 看来,领导力教育、培训和发展的困难在于其往往是个体化的、聚焦参与者的,而不是植根于所在组织和工作场景中的(Mintzberg, 2011)。

关于所谓"知识组织"(医院、大学、律师事务所、咨询公司、学校等)和这些组织中面临的领导力挑战的研究和文献有很多。这些挑战主要有三方面:1)专业工作者和领导者之间的紧张关系;2)过于关注操纵和控制;3)领导者的合法性问题。学校是一种专业要求严格、在所有层面上都非常关注专业问题的知识组织。做好领导者的同时，又要拥有足够娴熟的学术能力做出自己的专业评价，并且有效地利用内部和外部人力资源，领导学习过程的能力至关重要。领导知识组织经常比领导其他类型的组织更难，因为知识组织中的工作者往往是独立的、精力充沛的而且富有能力，并且最重要的是他们是专业导向的。

挪威领导力面临的挑战和发展

Geert Hofstede(2001)认为，斯堪的纳维亚半岛各国的领导力特征非常独特，它们将很小的"权利距离"与一种强烈的"女性文化"相结合。挪威的一项研究（Grenness，2006）更详细地指出了斯堪的纳维亚领导力的独特性，该研究将其特性概括为：道德标准高；贴近员工；团队导向，偏好良好的工作关系；追求一致意见；性别平等程度高；非常重视过程；避免冲突；结果取向低；不急于做决定；控制机制不清晰；缺乏"勇士"精神。可以说，斯堪的纳维亚的领导力风格尤其适合后工业时代的知识经济，这种经济环境下，成功取决于价值链、关系网和成员间的合作以及在一个充满不确定性和变革的环境中进行创新的能力。当然"斯堪的纳维亚领导力模式"（Scandinavian leadership model）有其利与弊。

挪威的学校体制是分权化的，近450个市政当局负责这些学校。各市之间的质量和学校及学校领导者之间的素质差别很大。但挪威的学校体制从整体上面临的问题包括：

- 各层级的领导力不够强。
- 学校所有者缺乏专业知识和能力。
- 学校机构分裂，即不重视将机构看作一个系统。
- 学校分裂，不重视把学校作为组织。

国家的政策是为了给领导者更多的支持、帮助和专业培训，支持各学校和市政当局做好组织发展和系统发展的工作。这些内容将在以下两部分进行解释，并以后者为重点。

挪威的领导力培养

国家领导力培养框架描述了针对学校校长合理设置的要求和预期，它构成了挪威校长领导力培训和发展项目的基础(Norwegian Directorate for Education and Training，2008)。该框架包括以下几个主要方面：

1. 学生的学习成果和学习环境
2. 经营与管理
3. 协作与组织发展；对教师的引导
4. 发展及变革

这四个方面中，第一个方面最为重要。校长要对学生的学习成果和学习环境负责，其领导学习过程和指导教师的能力至关重要。学校是对专业要求严格的知识组织，所以校长必须具备足够的学术能力和合法性来进行专业评价，充分利用内外部的人力资源。

领导力的发展还有一个与个人相关的方面——领导者角色，即培养对自己的领导者角色有清楚认识的领导者，他们能够对领导者的角色和实施良好领导的条件进行界定和重新界定，并在必要时进行协商和再次协商。

国家的校长管理培训项目始于2008年，针对所有新聘任的中小学校长。这个培训项目是为应对学校系统的挑战而建立的，它非常重视完善的管理和明确的目标，并以一种实用性的方式建立在学校管理者及其他人的有经验的需求的基础上。

这项领导力培训项目由权威研究机构进行评估。四个报告至今已完成两个，并且得出了非常正面的结论(Hybertsen et al.，2012a，2012b)。还有其他一些迹象表明这个培训项目正带来好的结果。一个好结果是其受欢迎的程度，每年的申请者数目都在增加。另一个好结果是培训项目的提供者做出了正面的评价。对于领导力和领导者的态度似乎出现了转变，人们越来越认识到领导力和领导者对学校改进的重要性，包括不同的利益相关者(工会、政界、校长、大学等)的态度好像发生了转变。此外，学生表现也出现了提高的迹象。

顾问团项目

在挪威，有为数众多的小自治市/区，大多数学校都是公办的，对学校的管理和领导力发展是地方当局的责任。学校的校长往往缺乏应对挑战的能力，所以政府开始了一项"顾问团项目"。该项目的目的是帮助学校校长和领导者应对教育质量这一核心领域的特殊挑战,比如,学生阅读技能和数学技能不高,学习环境不能促进学习,学生和学徒不能完成高中教育或没有通过高中教育和培训阶段的考试。它还旨在帮助学校校长和学校运用验证过的工具和方法,将学校强化为一个组织,通过实施地方发展策略,来实施国家目标。

该项目由国家教育与培训理事会领导,国家的主要合作方有挪威地方和地区当局协会(Norwegian Association of Local and Regional Authorities,KS)、县政府(县级国家教育办公室)、大学/学院、咨询机构和执业者。学校的发展工作的开展本身是在地方,学校在政治上和管理上的拥有者、校长、其他当地支持团体也根据要探讨的指导性问题参与其中。

顾问团项目于2009—2010年在两个县进行了试点,2011年开始施行顾问团的第一个常规组合(regular portfolio)。之后的三年里,顾问团的活动将覆盖除奥斯陆外的全国所有18个县、429个自治市/区。每个常规组合包括30个自治市/区,80—100所学校,接受为期18个月的指导。2013年底,全国的所有自治市/区将全部接受顾问团的首次指导。

顾问团系统接受了一次基于研究的评估。第一份期中报告(Norwegian Directorate for Education and Training,2013)对顾问团的顾问和接受指导的人员提出的反馈信息进行了研究。下一份报告将在2013年12月问世,会对顾问团工作的结果和影响进行评估。

顾问团中的顾问来自全国的学校管理者和地方政府的教育行政管理部门。这个团队是国家性的、政府性的,但没有正式的权力,所以是否接受顾问团提供的支持取决于地方政府的决定。顾问团成员被分成小组,每个小组负责两三个自治市/区的学校。在咨询过程中,顾问小组与学校及其所有者间进行的咨询工作是在各学校展开的。在关于共同的能力发展以及经验和规划的分享这一咨询过程中,学校拥有者会分别在开始和结束时集合,其目的是使得学校及其所有者持续提高他们自身的质量提高。质量提高是一个持续的过程,包括明确发展需要、对不同解决方案进行评估,实施这些对策并对它们进行评价。顾问指导采取的是一种教练/导师关系的形式,关注自治市/区能够在18个月中实现的质量提高工作的第一阶段。

顾问团参加的工作包括以下几个阶段：
- 明确发展需要：顾问积极利用分析工具，帮助学校明确需要发展的方面，同时明确学校的咨询需求。
- 规划发展项目：对明确界定出来的需求提供指导，并对学校潜在的发展需求提供补充性的外部评价。
- 实施发展项目：提供的指导基于当地的需要，并基于与学习组织和变革管理相关的知识，采取会议和研讨的形式。

使用的工具包括对现状进行规划、反映和分析的质量状况工具（Quality Status tool）和组织分析工具（Organisational Analysis tool），以及在学校层面启动和锚定发展工作的外部评估方法。

顾问团的指导是支持性的，旨在帮助学校及其拥有者开始他们当地的学校发展工作。顾问团不做任何保证，但能够对学校及其拥有者的发展工作取得成功做出贡献。成功的前提是各方积极的负责任的参与。接受顾问团提供的指导表示有发展的意愿，这是改革的基本前提。顾问团提供的指导把学校及其拥有者看成一个整体组织，考虑这个组织是如何运作的以及如何进行提高。顾问提供知识、经验和专业意见（Schein, 1998），帮助学校更好地应对在发展计划的实施和教育改革的实施过程中浮现出来的挑战。有些学校可能还需要提高与基本技能、评价或其他核心任务相关的能力。顾问团不提供这方面的指导，但可以找到具备相关能力的团队，而顾问团本身决不会对发展过程承担责任。

通过顾问团来实施国家为地方发展工作提供支持，顾问团的指导是挪威教育与培训理事会的工具，挪威的公共当局至今还没有使用这种工具的传统。因为传统上，挪威很少对学校进行控制、介入和评估，所以顾问团被认为是有争议的，做了很多努力来降低教育部门抵制顾问团的风险。

在解决对顾问团的抵制时，特意强调其自愿参与的本质（Schein, 2009），强调寻求专业意见的学校所有者不是"失败者"，而是显示出了他们的勇气和灵活性。大学和学院机构以及公共行政管理机构也抵制顾问团。公共行政管理机构认为顾问团干预地方权力，而高等教育抵制顾问团则是把他们看成了专业上的竞争者。这些抵制现在都变成了支持，因为学校拥有者和顾问对良好的结果都感到满意。顾问活动变得专业化,从组织方面也已经稳定下来,公共管理结构和高等教育机构的态度都发生了变化,并且加入了顾问团。

到目前为止,顾问团项目的结果是学校拥有者满意地接受了专家意见,而顾问也对所指导的自治市/区中的地区和学校取得的进步和获得的重要经验及发展能力表示满意(Norwegian Directorate for Education and Training,2013)。顾问团成为了传播教育与培训理事会基于网络的质量发展工具和学校外部评估方法的有效基础。这些工具看起来很有帮助,特别是对那些在质量评估方面没有经验或信心的学校和学校拥有者而言。

集中式的严格管理是咨询团项目取得成功的一个重要因素,其策略得到了全面的实施,不同的参与者和利益相关者都熟悉这些策略。教育与培训理事会对顾问的能力要求进行了界定,并对顾问人员进行精挑细选,建立了一个必须参加的培训项目,不能胜任的顾问不能再参加顾问活动。顾问团工作的重心是把学校拥有者和学校看作一个整体,为学校拥有者积极参与创造非常好的条件。所以,顾问团项目既是自上而下的,也是自下而上的一种方法。

南澳大利亚的学习领导力(Susanne Owen)

背景和环境

2011年,南澳大利亚教育与儿童发展部的7所学校、幼儿园和早教学习中心已经达到重大改革的标准,被纳入到OECD的"创新型学习环境"(ILE)项目。另外还有8所教育机构被教育与儿童发展部认定为正在进行重大改革。现在,这15所教育机构已经得到认可并在全国创新实践共同体内进行运作,还有其他一些教育机构也加入了进来,作为创新的孵化单位。这些教育机构包括从出生到12岁的学校和儿童教育机构,代表着"草根"革命,并已经在不同的时间阶段,研究出了一些满足其儿童和学生以及他们不同的学习环境和共同体环境的创新方法。

虽然创新是非常具体而特定的,但是在教师、学习者、学习内容、学习资源、组织和教学法相关的关键要素和动力方面,它们经常与OECD"创新型学习环境"项目的特点相似。创新的方面包括不同年龄组别的学习者（如接受 7 岁儿童的"喜鹊"组和接受 10—12 岁儿童的导师组），由大图景（big picture）或生成性问题等提供跨学科学习经验和深度学习经验构成的学习内容。在所有参加改革的教育机构中，学生的个体学习计划都是一个关键的特点，有时还会有一些以此为目的而建立的学习设施，或者将传统的物理空间重新装饰或改造成针对性的大师课堂和专业技能培养的"篝火营地"，或为安静反思而准备的"洞穴室"。各个专业学习团队定期碰面，经常参加共同计划、共同教学和共同评价，同时也对数据和其他关于学生个体进步的数据进行思考。这些学习机构有一个重要的特点，即培养专业学习团队中所有成员的领导技能，学校/幼儿园的领导者通过为他们提供专业学习的时间和/或资金来提供支持。

在一个集中式的公立教育系统中，这些创新型学校和幼儿园在运作上有一定的自主权，而这个公立教育系统当前正在经历重大改革，以实现一个充分整合的儿童发展、教育和儿童保护系统的国家愿景。目前（2013 年），从出生到 12 岁的儿童教育和托管机构的教育部门都在进行重建，合并了一些原来的健康以及家庭和社区服务部门。重新设计的策略，即"光明未来"（Brighter Futures）（DECD，2013），关注改革文化、服务传递实践、过程、角色和系统，旨在确保成绩标准、健康和幸福、家庭护理服务得到提升，并确保在确定地方规定时由共同体引领的参与更强，以及在制订政策和实践时学生的意见得到更加重视。这些工作的指导原则包括"实现可持续发展和持续改进"、"创建以积极、问题解决、创造性和创新性为特色的文化"。建立重视当地社区的学校和幼儿园网络是国家"光明未来"创新行动的一个关键特征。

因此，实践共同体和专业学习共同体网络是教育部未来发展方向的一个重要方面。参加改革的个体教育机构已经重点致力于利用关注特殊学生群体或进行行动研究的教师专业学习共同体。正在施行一种用团队形式进行规划、教学和评价的专业学习方法，为支持教师将自己的角色转变为学习的推动者、作为教师的"参与者"以及与学生共同学习的"学习者"。

领导方法

在对个体教育机构的专业学习进行分析时，很明显的一点是最具创新性的 DECD

学校中的教师学习反映出了文献中经常提到的专业学习共同体的特点（Haar，2003；Vescio，Ross and Adams，2008；Darling-Hammond and Richardson，2009；Scott，Clarkson and McDonough，2011）。事实上，近期南澳大利亚开展的关于创新和专业学习共同体的案例研究中，一些确定的关键主题包括：共享的价值观和愿景、持续的协作、致力于共同的实践活动和学生的学习结果、支持性的共享式领导、教师共同探究和学习（Owen，2012）。为建立尊重、信任和共同愿景与语言为目的的同伴间的持续的专业学习也被看作是这一过程中的重要方面，正如一位有代表性的领导者所评价：

> 我们现在讨论的是强调提升和改进整体的学校创新和改革。除非人们都说同样的话，有着共同的愿景，否则这种改革无法实现……他们互尊互信，不断寻求改革方法……这些一个人无法做到。一个人的改革将感到难以置信的孤立和害怕……（改革包括）构建专业学习和作为基准的专业学习共同体的完整的方法（Owen，2012：Leader Interview 1）.

图5.6展示了DECD一些主要的创新工作坊所使用的变革领导力和实践共同体的图示模型，该模型也体现了上述完整方法。

在南澳大利亚的参加创新改革的教育机构的案例研究中（Owen，2012），专业学习团队的成员和校长都强调贡献型领导力的重要性，这种领导力是真正的"草根"，重视推动改革议程中成员的想法。这从以下学校记录文档中可以看出：

> 教师队伍对课程和教学实践的主体感很强。……这种主体感源于教师队伍将自己创建为一个团队并持续发展他们。……我们已经共同培养出了一种变革的文化、远大的理想，以及对学校理念的共识……分享式的领导加强了教师队伍对学校成功提高学生学习成果的主体感……让所有教师参与领导是对领导者角色的赞赏，这提升了教师间的互相信任，所以各项改革措施可以获得更多支持，得以更有效地实施（OECD，2012；School B，supplementary information：8）。

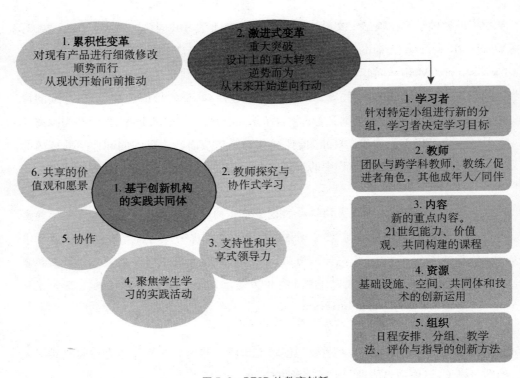

图 5.6　DECD 的教育创新

不能高估学校领导者在支持专业学习团队中的作用。教师在团队中共同工作,关注特定的学生小组,为他人的学习分担领导和责任,就需要来自领导者的支持。领导者不仅要为专业学习的发生提供时间和资金支持,还要为把团队建设成为"成员间可以挑战彼此工作级别的成熟组织"提供支持。(Owen,2012;领导者访谈 3)。南澳大利亚创新案例研究项目的参与者提供了很多这种支持性领导力的例子。

通过实践共同体领导创新

除了个体的学校和幼儿园以及这些组织中培育和运作的专业学习共同体外,南澳大利亚公立教育系统中参与创新改革的学校的工作还得到了教育与儿童发展部中心办公室一个小组的帮助。这一协调性的工作重心是"汇聚动力",把创新更广泛地拓展到学校和幼儿园。他们运用了多种策略,包括会议和工作坊、一个改革网站、来自一个参与改革的学校校长提供的兼职咨询、提供学术支持的实践者研究基金、改革简报。

这个协调性系统的很多工作是通过 DECD 创新实践共同体(CoP)来运作的。该共同体约有 30 个人,来自 15 所创新机构(由于有更多机构加入进来,2013 年这一数字有所增长)。改革参与者定期参加面对面的会议,这些会议每个学期一次,目的是分享改革实践、信息和想法,讨论出现的问题和机会;合作规划今后的工作和重大事项。他们还就改革的更广泛传播和可能的系统参与提供建议和政策指导。由于距离关系,还采用了电子邮件和其他一些交流方式促进参与。会议在参与改革的机构间轮流举行,使所有参加改革的组织都有机会主办一次参观活动,让大家了解该机构最新的改革理念。2011—2012 年间,CoP 成员共同合作,帮助其他学校举办了一系列的"全国改革日"活动(one-day state-wide innovation events),其中一些活动的参与人次达到 400 人。通过学术支持,以及协作开发和撰写的研究报告以及项目网站(www.innovations.sa.edu.au)和改革简报的其他材料,参与改革的机构还承担了关于它们的改革工作的实践研究。

实践共同体和会议、简报、网站等范围更广的活动很好地反映了"全球教育领导者"项目(Global Education Leaders' Program,GELP)发表的《教育的重新设计》(*Redesigning Education*)(2013)一书中提出的"嵌套式实践、参与兴趣共同体"创新扩散模式。根据这种方法,早期创新采纳者在"结构严谨的、受到支持和促进的"实践共同体中进行合作,"共享研究与知识,一起运用规范的创新方法,利用相关合作伙伴的专业知识","互相学习如何排除困难和障碍"。嵌套式实践共同体模式在 DECD 改革实践共同体中很突出,备受"兴趣共同体"关注。兴趣共同体由一些对改革案例感兴趣的个人和组织构成,他们希望通过简报、网站、会议和工作坊等一切有用的形式持续了解改革的发展情况。另外,如 GELP《教育的重新设计》一书所指出的,"兴趣共同体"随时愿意接受实践共同体正在进行的工作;在"改革者被赋予权力或合法地代表整个系统开展行动"时,嵌套模式最为有效。

2013 年年中,一个特别设计的"探索改革"(Exploring Innovation)项目成为备受瞩目的焦点。该项目是探索考察一些极具创新的学校。"探索改革"项目由 CoP 成员策划，利用他们自己的实践者的行动研究发现作为证据，来证明改革带来的影响。"探索改革"项目的参观考察活动和实践者的行动研究项目由教育与儿童发展部的改革小组负责协调（开展研究的实践者也受到一项小基金和大学学术导师的支持）。"探索改革"项目的参观考察活动鼓励其他学校和幼儿园的领导者和教师以团队的形式开展活动。通过追踪"探索改革"项目的参观人员，检查他们在自己学校采纳创新实践的情况（从他们报名考察参观开始，每过六个月再检查一次），研究创新实践是否通过参观考察活动得到扩散。这样做能够收集和分享关于他们的观点、经验以及在他们自己的学校或机构中的创新进程的数据。

通过对另外 10—12 个新的学校和机构（包括一个刚刚运营的集群网络）中的实践者研究提供小型资助基金，创新文化的制度建立得到了进一步推动。DECD 公办学校系统的所有改革机构以及各层次的学校教育和托管机构都可以申请该项基金。在与一所大学签订的一项为期 12 个月的合作协议中规定，这些新的改革机构可以通过初步的研究培训和支持，在制定研究方案，认识一位批判性的学界朋友，为研究中的具体问题购买额外的学术时间等方面获取帮助。各重要事项的展示汇报和进展报告是必须提交的，另外长报告、海报和 PPT 展示这三种终期报告形式是可选的，不过它们都必须具备研究报告的基本特点（研究背景、研究方法、研究结果、结论和参考文献）。这些学校和幼儿园也加入了创新实践共同体，并成为积极的成员。

在对创新实践共同体进行述评时出现了一个主要问题，这个问题在创造性领导力中心（Center for Creative Leadership，CCL）(CCL，2009)的材料中得到了确认，那就是创新领导力超越了常见的传统的以逻辑的演绎式推理和对/错结果为重的思维、策略变革和管理方法。领导力模式应该注重对不同观点的领导，考虑个人体验以获得新的视野，深度关注、深刻理解并融入严肃的创新活动（serious play），并在实验中获得见解。协作和包容不同观点是关键。

改革实践共同体的成员超越他们各自的学校进行合作，他们是改革的主要受益者。他们从体制上改变着学校教育的本质，从彼此的无论是大学校还是小学校中学习，肯定着发生在自己学校中的工作。

全国范围的改革实践共同体在帮助其他领导者获得"尝试改革"的信心，实施适合自己学校情况的基层改革方面起着重要作用。改革实践共同体还被视为是对创新在教育体制内占有一席之地的承认。正如一位改革实践共同体成员在一份回顾讨论中指出的:"这个群体出现了,我们希望保证它继续存在……(我们)希望它走在改革前列。"尽管很多参与改革的学校和幼儿园之前已经在学校层面做了重大的基层改革,但成为实践共同体中系统改革的一部分有很多益处,而且与 OECD 创新工作之间建立联系的重要性也得到了认可。

在全国范围内实施的 DECD 改革实践共同体带来的另一个好处是,改革领导者个人可以合法地进行"规则改变",或在他们自己的学校和幼儿园内进行规范的改革实验。在一个系统重组和重新设计的更大项目中,这些改革学校证实了改革对学生学习的影响,以及他们所推行的创新方法所带来的好处,从而推动整个体制的改革与发展。

鉴于南澳大利亚当前的形势,考虑到 DECD"光明未来"项目的方向是在创建以寻求问题解决、改革和创新为特征的积极文化的同时,构建持续性发展和长久改进,因此改革实践共同体的作用之一就是影响教育和儿童发展部所有新规划中的各种项目。我们要确保在某些地方看到创新,尤其是当旧的结构和过程被取代和新的网络、关系、联系产生时。通过持续进行的拓展性的改革实践共同体,参与改革的各学校机构的领导者及共同体就能够利用其经验和影响,去互相合作以构筑未来的发展方向,并确保改革后的新部门把创新作为它的主要工作。

在系统层面上促进创新的学习领导力:以色列的改革项目(Dorit Tubin)

在系统层面上学习领导力成功的条件

我们可以把学习领导力理解为为了实现改进课堂内外学习环境这一共同目标的能力。这个定义包含了学习领导力大获成功所需条件的四大要素:1)社会地位;2)选择共同目标和发展愿景的能力;3)影响他人和创建结构的能力;4)评价和提供反馈的能力。

社会地位

领导大范围的学习改革意味着在优秀的社会组织中占据一个声望很高的社会地

位。社会地位可以建立在正式权力（教育部）、专业知识（大学）、经济和社会资本（民间组织和非盈利组织）或前几项结合的基础上。

所以各级教育主管部门具有理解价值观和结构以及影响变革所必须的社会地位。但公办教育系统作为官僚行政机构，往往只有少数几位职位很高的主管，而变革者就更少了。所以，发起和领导这种变革的往往只是一个人，有时是一个小的领导团队。身处高位能够帮助领导者理解教育系统的价值观和结构，赋予他们能够抓住变革机会的能力，甚至改革规则、分配资源、实施创新型的学习改革的能力。

选择共同目标和发展愿景的能力

为了证明创新型学习改革是教育系统的广泛的社会议题和目标的一部分，必须要有一个共同目标，不管该目标是提升21世纪学习技能，还是降低教育不公平的鸿沟，或是发展每个儿童的潜能。共同目标必须体现所要解决问题的本质和主要挑战，这样它就可以作为变革的标志，使变革具有合法性，利益相关者也会投入变革所需的时间、金钱和专业知识。

共同目标应该转换为教育愿景，为给当前令人不满意的学习状况提供一个"路线图"，使其通向一个更好的前景。这个共同愿景应该能够吸引改革的合作者和追随者，并为其提供改革动力、改革方法和能够解释这种创新型学习改革重要性的教育叙事。共同愿景赋予"改进"、"学习"和"环境"等概念以意义，这些概念提供了潜在合作者能够理解并且能吸引他们的必要的环境和关联性。共同愿景提供了改革基准，并提出了对改革实施的举措进行评价的标准。如果没有共同愿景，就可能出现过多的改革实施方法和过多关于改革的空谈，甚至是对改革前景的怀疑。

影响他人和创建结构的能力

要影响他人，领导者必须具备利用各种沟通渠道（比如面对面会议、讲座、媒体和网络设施）在合适的时间合适的地点影响目标听众的能力。运用理想激励、额外资源和奖励机制等各种不同方法，激励他人按照共同的教育愿景进行改革的能力也很重要。

为了更广泛地传播创新型学习环境，领导工作必须把人、职能、任务、资源、设备、信息与传播技术（ICT）构建成一个特别的结构体系或规划，以支持改革目标。领导工作必须提供能够获得实现这种结构所需资源的各种资源和手段,由此让同样的创新型学习环境能够在其他学校得以复制。领导工作必须在教育系统内外与各级各类的利益相关者合作,委派授权,分布领导力,从而实现专业团队的参与。

评价和反馈

要进行持续的大规模的创新型学习改革,其体系内需要一个学习网络,这个学习网络由学习型领导促成,为系统层面上的参与者提供关于正在发生的改革的相关信息。参与者之间的信息流通使得他们能够互相学习,因此助推了改革,降低再次失败的可能性。

领导工作应该通过运用责任报告中的结果,以及将创新型学习的表现与目标重新联接,来首先确保系统内的信息交流,其次保证这些信息用于改革愿景的重新界定和评价标准的建立。评价结果应该为各级领导者(教师、校长、高级官员、利益相关者)服务,用于重新设计学习环境,向学习者提供积极的反馈,以及通过自我觉知提高领导能力。

自我觉知能力包括在不同的领导职位上影响他人时,能够理解他们的价值观、动力和办事效力的能力。它帮助领导者提高探究、反思和从经验中学习的能力。所以,扩大创新型学习环境的改革不仅服务于终端使用者(学生和教师),也使领导者自己受益。为了通过在尽可能多的参与者中推广改革,从而使学生、教师和领导者都受益,需要用到专业学习共同体、工作坊、培训、会议和学术研究等不同方法。

具体案例

以色列最有名的领导和传播创新型学习的例子是教育实验与创业处。这个部门创立于1996年,目的是为教育界发起的改革行动提供帮助,为它们提供教育系统内的支持。这一创新举措包括改进学习、激发动力、发展新的教与学方法、设计创新型学习环境等提升教育的多个方面。它的目标对象是从幼儿园到高等教育机构的学习者和老师,核心理念是确定并开发创新的教育模式,以应对现在和将来的挑战,这些创新的教育模式将会激发以色列教育政策的制定。教育实验与创业处用这种方法鼓励教育者参与以色列教育的规划和提升。

实验与创业处是国家教育部的一个部门。它的主要合作伙伴是以色列教育系统内的教育机构,从幼儿园到学校,到教师培训中心和教师学院。这些机构中任何对开发和运用为提升学生学习而设计的教育创新举措的机构都可以与实验与创业处联系,并在运作第一个五年创新行动中得到该处的支持。

实验与创业处的主要活动是识别那些认为自己的工作场所可以有所不同的教育者,帮助他们为学习者、教师和共同体对工作场所进行开发。这是一个为期五年的过程,在这一过程中,会对创业者在实施梦想时的创业精神进行监管,对创新在该教育机构的可持续性进行考察,对创新能否同化到日常的教育过程中进行评估。实验与创业处为创新举措及其传播提供支持、培训、和研发(R&D)工具,但同时也持续开展在教育机构(创新举措运作和应用的场所)、实验与创业处(提供支持和支撑的部门)以及学术顾问(联结创新举措和特定研究领域的桥梁)之间的对话。

在这五年期间,学校需要在实验与创业处的一位主管和一位学术顾问的一步步指导下,在学校内不断扩大创新型改革举措的应用范围。五年期满,学校需要撰写一份实验报告,在报告中详细陈述实验的理论依据、实验过程和实验成果。获得巨大成功的学校成了改革的传播中心,这些学校的教师对其他学校有兴趣进行类似创新的教师进行培训。这种做法不但帮助其他学校得到了提升,也帮助这些对创新型改革进行指导的教师获得了提升。为实现这一目标,实验与创业处主要采取了五个步骤:鼓励创新型教育举措的研发,检验实验的方案和要求,监督教育机构中的改革培训和传播,鼓励对实验过程中积累的知识进行记录和管理,在整个教育系统内传播实验成果。

每年有15个新的教育机构加入实验与创新处,同时有15个其他教育机构完成自己的5年实验并开始独立运作。在任何一年,都有80个实验学校同时在实验与创业处的支持下进行改革实验。这个复杂的系统包括实验与创业处的主任和秘书、教育部的办公室,主管可以用来和学校展开合作的40个年度培训日,以及每所实验学校的一个半工半薪教学岗位。此外,地方当局还聘请了一个学术顾问和实验学校一起工作,并提供实验需要的物理环境或专用设备。

随着时间的推移,实验与创业处以及实验学校在几个方面都获得了发展。越来越多的学校加入了实验,并且使得对实验和创新举措的监管和评估趋于流畅。实验与创

第五章 不同学校体制下学习领导力的发展途径

业处还拓展了更多的活动,如特殊教育学校的改进和共同体活动。最后,实验与创业处的工作人员及其工作过程正变得越来越专业化和专门化。

由于在教育部内和在各教育机构中,实验与创业处通常都富于原创性和创新性,因此实验与创业处面临的挑战是它自身的制度化。近年来,实验与创业处从一开始只有很少的学校,现在已经达到了差不多150所。

从内部而言,实验与创业处的成功取决于学校的领导工作。虽然资源少,但凭着灵感和动力,校长和教师们领导着他们的学校走向创建更有意义的、更多样化的学习环境。他们在关于实验的书籍中,撰写和发展实验的理论,并且还经常建立实验传播中心,从而不仅使自己加入改革实验,而且让整个共同体都加入了进来。从属于实验与创业处本身是一个荣誉,它推动了一个支持性的团队来帮助这些改革者打破他们自身的孤立状态,成为一个用基于研究的方式来控制创新风险的有意义的共同体,并且影响了以色列的教育系统。

学校对加入教育创新和发展教育创新很有兴趣,但预算限制控制了每年可以加入的学校数量。实验与创业处的成功不是仅仅以加入学校的数量来判断,还要看对成功的创新举措的提升和深化。而学校在五年之后离开实验与创业处,有时会影响实验,使实验情况下滑。

从教育系统高层来看领导力的话,承认教育部实验与创业处(Education Experiments and Entrepreneurship Division,EEE)的负责人起到的作用非常重要。她在校长致力于以色列教育系统的未来之际,努力选择了教育创新和教学实验,并将之细化到一个激发利益相关者想象力的愿景中。凭着她之前担任学校校长的成功经验、魅力型的领导方式和说服决策者的能力,她在1996年建立了实验与创业处。她对正式的法规非常熟悉,对行政要求富有经验,使得她能够在实验与创业处的管理、支持和引导下,创建了一个体验创新环境的有效的人际、资源和组织网络。所以,她具备了在系统层面上开展"创新型学习环境"改革的四个必要条件,并足以领导这一改革。

本章开始部分列出的四个学习型领导的条件有几个启发意义。第一,他们可以根据环境和系统水平的不同而调整,为跨文化比较提供条件。第二,他们可以告诉决策者培养学习领导力和发起成功的学习创新改革的能力所需要的条件。最后,他们可以作为诊断性的分析工具,来找到有效的措施和创新改革中存在的缺陷,这样付出的努力和资源就能够有效地提高参与者的学习。最主要的经验教训似乎是创新改革关注的是哪个层面的教育系统(区层面、市层面或国家层面),那么这些系统的领导者就应该承担起学习领导者的职责。他们乐于在特权职位上着手进行这样的创新举措,并且领导可持续的大范围的成功的创新型学习实施。

注释

① 教育博士 Roser Salavert,前任纽约市公立学校主管。她在本文中的观点是基于其经验的个人观点。她作为顾问深入参与了西班牙加泰罗尼亚的项目,是豪梅·波菲尔基金会"创新型学习环境"的一位成员(参见第 6 章)。
② 策略研究与创新首席官:"创新型学习环境(Innovative Learning Environment,ILE)"项目领导者。
③ 质量状况工具:www. udir. no/Utvikling/Verktoy-for-skoleutviklinganalyser/ Organisasjonsanalysen/。
组织分析工具:www. udir. no/Utvikling/Verktoy-for-skoleutviklinganalyser/ Organisasjonsanalysen/。

参考文献

Barth, R. S. (2000), "Foreword", in P. J. Wald and M. Castleberry (ed.), *Educators as Learners: Establishing a Professional Learning Community in Your School*, ASCD (Association for Supervision and Curriculum Development), Alexandria, VA.

Berliner, D. C. (2008), "Research, policy, and practice: The great disconnect", in S. D. Lapan and M. T. Quartaroli (eds.), *Research Essentials: An Introduction to Designs and Practices*, Jossey-Bass, Hoboken, NJ, 295–325.

CCL (2009), *Innovation Leadership: How to Use Innovation to Lead Effectively, Work Collaboratively and Drive Results*, CCL (Center for Creative Leadership), Greensboro, NC, www. ccl. org/leadership/pdf/ research/InnovationLeadership. pdf.

Darling-Hammond, L. and N. Richardson (2009), "Research review / teacher learning: What matters?", *Educational Leadership* 66(5), 46–53.

DECD (2013), *Brighter Futures*, DECD (Department for Education and Child Development), Adelaide.

DuFour, R. (2002), "The learning-centered principal", *Educational Leadership*, 59(8), 12–15.

DuFour, R. and R. Eaker (1998), *Professional Learning Communities at Work: Best Practices for Enhancing Student Achievement*, Solution Tree, Bloomington, IN.

Dumont, H., D. Istance and F. Benavides (eds.) (2010), *The Nature of Learning: Using Research to Inspire Practice*, OECD Publishing, Paris. http://dx. doi. org/10. 1787/9789264086487-en.

Earl, L. M. (2013), *Assessment as Learning: Using Classroom Assessment to Maximize Student Learning*, 2nd edition, Corwin Press, Thousand Oaks, CA.

GELP (Global Education Leaders' Program) (2013), *Redesigning Education: Shaping Learning Systems Around the Globe*, Booktrope Editions, Seattle.

Grenness, T. (2012), "Will the 'Scandinavian leadership model' survive the forces of globalization?", *Magma*, 4.

Halbert, J. and L. Kaser (2013), *Spirals of Inquiry: For Quality and Equity*, BCPVPA (British Columbia Principals' and Vice-Principals' Association) Press, Vancouver.

Haar, J. M. (2003), "Providing professional development and team approaches to guidance", *Rural Educator*, 25(1), 30-35.

Hofstede, G. (2001), *Culture's Consequences: Comparing Values, Behaviors, Institutions and Organizations across Nations*, 2nd edition. Sage, Thousand Oaks, CA.

Huber, S. (Ed.) (2010), *School Leadership: International Perspectives*. Dordrecht: Springer.

Hybertsen Lysø, I. et al. (2012a), *Ledet til Ledelse* (Towards Leadership), Leadership Education Programme Evaluation Report 1, NTNU (Norwegian University of Science and Technology), Norway.

Hybertsen Lysø, I. et al. (2012b), *Ledet til Lederutvikling* (Towards Leadership Development), Leadership Education Programme, Evaluation Report 2, NTNU, Norway.

Istance, D., F. Benavides and H. Dumont (2008), "The search for innovative learning environments", in *Innovating to Learn, Learning to Innovate*, OECD Publishing, Paris. http://dx.doi.org/10.1787/9789264047983-3-en.

Kahlhammer, M. (2012), *Lernateliers als Professionelle Lerngemeinschaften. Die Wahrnehmungen und Einschätzungen der beteiligten Lerndesigner zur eigenen, gemeinsamen und systemischen Professionalisierung im Rahmen von Lernateliers der Entwicklungsbegleitung der Neuen Mittelschule* (Qualification programmes [Lernateliers] as professional learning communities. The perception and evaluation of all participating Learndesigners in terms of their individual, joint and systemic professionalisation in the framework of the "Lernateliers" as part of the development support for the New Middle School), Master thesis Pädagogische Hochschule St. Gallen.

Kaser, L and J. Halbert (2009), *Leadership Mindsets: Innovation and Learning in the Transformation of Schools*, Routledge, London.

Leithwood, K., K. Seashore, S. Anderson and K. Wahlstrom (2004), *How Leadership Influences Student Learning*. Center for Applied Research and Educational Improvement, Ontario Institute for Studies in Education, Toronto.

Lortie, D. C. (1975), *Schoolteacher: A Sociological Study*, University of Chicago Press, Chicago.

Marzano, R. J. (2003), *What Works in Schools: Translating Research into Action*, ASCD, Alexandria, VA.

MacBeath, J. and Y. C. Cheng (eds.) (2008), *Leadership for Learning: International Perspectives*, Sense Publishers, Rotterdam.

Mintzberg, H. (2011), "From management development to organization development with IMpact", *OD Practitioner*, 43(3), 25-29.

Mintzberg, H. (2009), *Managing*, FT Prentice Hall, Harlow, Essex. Norwegian Directorate for Education and Training (2013), *Evaluation of The Advisory Team*, Norwegian Directorate for Education and Training, Oslo, www.udir.no/Upload/Rapporter/2013/veilederkorps_del.pdf?epslanguage=no.

Norwegian Directorate for Education and Training (2012), *Leadership in Schools: What is Required and Expected of a Principal*, Norwegian Directorate for Education and Training, Oslo.

Norwegian Directorate for Education and Training (2008), *Head Teacher Competence: Expectations and Demands*, Core document and point of departure for announcement of tender, Norwegian Directorate for Education and Training, Oslo.

NYSED (2011), "New York State p-12 Common Core Learning Standards for English Language, Arts & Literacy", New York State Education Department, New York.

OECD (2013a), *Innovative Learning Environments* 2013, OECD Publishing, Paris. http://dx.doi.org/10.1787/9789264203488-en.

OECD (2013b), *Trends Shaping Education* 2013, OECD Publishing, Paris. http://dx.doi.org/10.1787/trends_edu-2013-en.

OECD (2012), Universe Cases, www.oecd.org/edu/ceri/universecases.htm (accessed 6 October 2012).

OECD (2010), *Trends Shaping Education* 2010, OECD Publishing, Paris. http://dx.doi.org/10.1787/trends_edu-2010-en.

OECD (2009), *Creating Effective Teaching and Learning Environments: First Results from TALIS*, OECD Publishing, Paris. http://dx.doi.org/10.1787/9789264068780-en.

OECD (2008), *Improving School Leadership*, Volume 1, *Policy and Practice*, OECD Publishing, Paris. http://dx.doi.org/10.1787/9789264044715-en.

Owen, S. (2012), "'Fertile questions,' 'multi-age groupings', 'campfires' and 'master classes' for specialist skill-building: Innovative Learning Environments and support professional learning or 'teacher engagers' within South Australian and international contexts", Peer-reviewed paper presented at World Education Research Association (WERA) Focal meeting within Australian Association for Research in Education (AARE) conference, 2–6 December, University of Sydney, Australia, www.aare.edu.au/papers/2012/Susanne%20Owen%20Paper.pdf.

Robinson, V. (2011), *Student-Centered Leadership*, Jossey-Bass, San Francisco. Schein, E. H. (2009), *Helping: How to Offer, Give and Receive Help*, Berrett-Koehler Publishers, San Francisco.

Schein, E. H. (1998), *Process Consultation Revisited*, Addison-Wesley, Reading MA.

Schratz, M. (2009). "Lernseits" von Unterricht. Alte Muster, neue Lebenswelten — was für Schulen?" (Learning beyond teaching: old patterns, new life-worlds — what kind of schools?), *Lernende Schule*, 12(46–47),16–21.

Schratz, M, J. F. Schwarz and T. Westfall-Greiter (2012), *Lernen als bildende Erfahrung: Vignetten in der Praxisforschung* (Learning as educational experience: Vignettes in action research), Studienverlag, Innsbruck.

Schratz, M. and T. Westfall-Greiter (2010), *Schulqualit? t sichern und weiterentwickeln* (Safeguarding and developing school quality), Kallmeyer, Seelze.

Schrittesser, I. (2004), "Professional communities: Mögliche Beiträge der Gruppendynamik zur Entwicklung professionalisierten Handelns" (Professional communities: Potential contributions of group dynamics for the development of professionalised practice), in B. Hackl and G. H. Neuweg (eds.), *Zur Professionalisierung pädagogischen Handelns* (Towards professionalising pedagogical practice), LIT-Verlag, Münster, 131–150.

Scott, A., P. Clarkson and A. McDonough (2011), "Fostering professional learning communities beyond school boundaries", *Australian Journal of Teacher Education* 36(6), http://ro.ecu.edu.au/ajte/vol36/

iss6/5 (accessed 6 October, 2012).

Senge, P. (2006), *The Fifth Discipline: The Art and Practice of the Learning Organization*, 2nd edition, Doubleday, New York.

Talbert, J. and N. Scharff (2008), *The Scaffolded Apprenticeship Model of School Improvement through Leadership Development*, Center for Research on the Context of Teaching, Stanford University, California.

Teacher Leadership Exploratory Consortium (2011), *Teacher Leader Model Standards*, Teacher Leadership Exploratory Consortium, www. teacherleaderstandards. org/downloads/TLS_Brochure_sm. pdf.

Tomlinson, C. A. (2003), *Fulfilling the Promise of the Differentiated Classroom: Strategies and Tools for Responsive Teaching*, ASCD, Alexandria, VA.

Tomlinson, C. A. and M. Imbeau (2010), *Leading and Managing a Differentiated Classroom*, ASCD, Alexandria, VA.

Tomlinson, C. A. and J. McTighe (2006), *Integrating Differentiated Instruction and Understanding by Design: Connecting Content and Kids*, ASCD, Alexandria, VA.

Vescio, V., D. Ross and A. Adams (2008), "A review of research on the impact of professional learning communities on teaching practice and student learning", *Teaching and Teacher Education* 24, 80–91.

Westfall-Greiter, T. and C. Hofbauer (2010), "Shared leadership setzt teacher leaders voraus: Lerndesigner/innen im Feld der Neuen Mittelschule" (Shared leadership requires teacher leaders: Learn designers in the New Secondary School), *Journal für Schulentwicklung*, 4(10), 8–15.

Whitmore, J. (2009), *Coaching for Performance: GROWing Human Potential and Purpose — The Principles and Practice of Coaching and Leadership*, 4th edition, Nicholas Brealey Publishing, Boston.

Wiggins, G. (1998), *Educative Assessment: Designing Assessments to Inform and Improve Student Performance*, Jossey-Bass, San Francisco.

Wiggins, G. and J. McTighe (2005), *Understanding by Design*, 2nd edition, ASCD, Alexandria, VA.

Online references

Organisation chart of the Ministry for Education, Art and Culture: www. bmukk. gv. at/ministerium/organigramm. xml.

Official website of the NMS: www. neuemittelschule. at.

NMS-Platform: www. nmsvernetzung. at.

NMS-Parent-Platform: www. nmseltern. at.

Center for Learning Research at the University of Innsbruck: www. lernforschung. at, Grant-funded learning research project at NMS: www. lernforschung. at/? cont=prodetailandid=％2031.

Virtual Online Campus: www. virtuelle-ph. at/.

第六章 提升加泰罗尼亚等地的学习领导力

Anna Jolonch　巴塞罗那豪梅·波菲尔基金会

Màrius Martínez　巴塞罗那自治大学

Joan Badia　加泰罗尼亚维克大学、开放大学

  本章由 Anna Jolonch、Màrius Martínez 和 Joan Badia 撰写,介绍了旨在为西班牙加泰罗尼亚的创新型领导力创造条件而进行的一项研究和发展的创新举措。本章介绍了其理论依据、研究方法,以及豪梅·波菲尔基金会和 OECD"创新型学习环境"项目的合作经验,以及这些如何导致不同地方、地区、国家及国际层面上的交流和利益共享。在加泰罗尼亚,这项工作的一个重要方面是对项目本身的研究,它阐明了相关概念以及在资质普通但在学习领导力方面具有示范性和创新性的六所学校中开展的实地调查。这项研究对一系列重要维度进行了分析,包括:可辨别的创新项目的起源和作用、专业的态度、管理团队的作用、教师的领导力、学习者的领导力、家庭和社区的参与、课程的重建。本章还讨论了本研究的应用背景。

加泰罗尼亚的教育创新国际化

  加泰罗尼亚有着悠久的教育创新传统。历史上不乏重大的教育改革项目和创建了该地区学校系统的伟大的教育者和教师。但在过去二十年里,学校教育改革却经常落后于迅速发展的文化、社会、技术和经济改革。大量移民的到来及其带来的文化多样性是最深刻的变革,迫使学校系统为应对面临的巨大挑战而进行"自我改造"。学校教育在当前多语言多文化的加泰罗尼亚社会的凝聚中发挥着至关重要的作用。为了

回应这些未知的挑战,学校方面提出过很多解决方案、创新举措、研究发现和提案。但学生的学业失败率和早期辍学率以及糟糕的诊断性测试成绩说明学校现在面临着严重的结构问题。

和其他地方一样,加泰罗尼亚的教育界存在着很多的困惑。在这个高度不确定的时代,面对经济危机带来的巨大问题和教育预算的缩减,教师和教育共同体的努力非常重要,尤其在对新出现的教育创新形式给予特别关注的时候更为重要。我们现在生活在一个知识社会和信息社会,这一现实意味着我们也生活在一个学习型社会。学龄期学习是基础,并贯穿人的整个生命。在年轻人对技能和教育的需求超过以往任何时候的这个时代,一个令人担忧的迹象就是太多的年轻人正在远离学校。

学习领导力的重要作用:实施变革

正是基于这些原因,豪梅·波菲尔基金会在过去的两年里一直在和 OECD 教育研究与创新中心的"创新型学习环境"项目(ILE)密切合作,更明确的原因是"创新型学习环境"项目把学习放在了教育讨论的核心。我们迫切需要对学校里正在发生什么、学习是如何组织的、引导变革过程的最适合的研究是什么进行重新思考,这些问题也是 OECD 成员国共同的教育问题。

豪梅·波菲尔基金会对分析教育中的这些关键问题的兴趣意味着他们已经转而在寻求国际上的经验和专业知识。这一兴趣与 OECD "创新型学习环境"项目关注的问题完全一致,让我们承担起令人鼓舞的工作,加入到这一创新行动中,共同反思可能对教育的未来起到决定性作用的问题。作为"创新型学习环境"项目第三步"实施与变革"的一部分,我们已经在实施的项目的重点是学习领导力,它是深入分析以及回答以下问题时所需的一个重要领域:"我们如何大规模实施基于我们对学习的理解和特定创新案例而提出的变革方案?"

在这一阶段,学习领导力作为一个重要因素,影响着(加强、阻碍或帮助管理)一项特定创新或一个创新型学习环境的拓展。我们不得不投入时间和精力,通过理论反思以及对推进和维持学习环境方面的教育创新起决定作用的领导力案例的分析进行更深入的探索。

为了理解将学习作为整个教育改革项目里程碑事件的学习领导力，也为了在实践中实现这一努力所需的策略，我们的探索不仅仅限于通用领导力的重要性，还往往包括学校管理和行政方面。这种领导力不是个体的，而是激励学校中的所有利害相关者并奉上他们的努力、能量和经验。我们需要一些里程碑的事件和策略，因为总有一些只是空谈改革而不实实在在去提高发展能力的现象。所以我们要从理论和实践两方面创建和维持学习环境的学习领导力。这意味着将学习的目标和更大的学校目标保持一致，建立促进学习的网络和关系，同时开发学校中其他利益相关者（包括学习者）的领导力，并为具体政策提供方法。

OECD"创新型学习环境"项目和豪梅·波菲尔基金会的合作伙伴关系旨在使加泰罗尼亚和更大的国际共同体获益，这包括国际和地方两个层面，我们已经将这两个层面联系了起来。在国际层面，我们建立了一个国际专家工作组，已经有过几次会面并通过解决一个迄今尚未足够深入研究过的问题，对教育研究做了贡献（本报告）。这份报告是为2013年12月巴塞罗那"创新型环境中的学习领导力"（Learning Leadership in Innovative Environments）（*Lideratge per a l'aprenentatge en entorns innovadors*）国际会议准备的。

在地方层面上，一组专家聚集到一起开展研究，豪梅·波菲尔基金将会在"加泰罗尼亚的学习领导力"（Learning Leadership in Catalonia）（*Lideratge per a l'aprenentatge a Catalunya*）中发布这项研究。2012年11月，在巴塞罗那举行了一次国际研讨会，为国际专家组和加泰罗尼亚教育界的30个主要利益相关者（校长、教师、学者、研究人员、工会领导和教育行政机关的管理人员）提供了一次特殊的交流和对话的机会。在撰写本文的时候，大家仍希望这项工作将来能够继续得到地区政府的积极参与。2013年12月的巴塞罗那会议的举办，既为所有"创新型学习环境"项目成员国做出了很大贡献，同时也为加泰罗尼亚的教育共同体带来了很多帮助。会议提供了一个针对学习领导力的理论分析、深入理解、知识传播的独特平台。

所以，人们认为OECD"创新型学习环境"项目和豪梅·波菲尔基金会的合作之旅促进了植根于加泰罗尼亚的改革、动力和领导力。本章的第一部分描述了这一过程，介绍了一个可能会激励国际上其他地区进行类似实践的本地案例，并分享了我们的经验教训,强调了一个本质上表现了学习领导力的过程的主要成功要素。

这一过程主要是通过网络、群组或实践共同体在"中观"层面上进行,这是豪梅·波菲尔基金会经常使用的方式。我们的案例展示的领导力区别于学校领导力或教师领导力,在该案例中,这种领导力主要是一个处在教育研究前沿的基金会的领导力。在其他案例中,它可能来自于教育运动、共同体、网络、各教育行政部门(本地的、区域性的、地区的或综合服务行政部门),或其他社会文化的利害相关者。它是一项已经开始的并在共担责任的基础上发展的创新举措,在一个教育已经成为新的社会、文化、经济和政治环境下最值得关注的问题的社会中,这比以往任何时候都更有必要。

地方和国际两个层面的联合:分布式领导力

我们首先要强调的是豪梅·波菲尔基金会"学习领导力"合作项目的主管们和 OECD "创新型学习环境"项目团队的合作。双方领导者的前几次会见表明,他们希望致力于澄清概念和理解经验。当前,在加泰罗尼亚,推进教师、校长、学者、研究人员和政策制定者都身处其中的教育领导力方面的行动和研究非常重要。随着 2009 年加泰罗尼亚教育法案(Education Act of Catalonia)的通过,以及提高学校自主权的框架和背景,学校管理和教育领导力已经成为至关重要的因素。在与 OECD 合作之前,豪梅·波菲尔基金会已经开始了这方面的创新举措,其中包括 2009 年举行的一次教育领导力研讨会,促成了对学校管理者的更深入研究,现在这项研究仍在进行中。与 OECD "创新型学习环境"项目的合作帮助我们加深了在价值观、奉献精神、学校的组织和氛围方面对领导力的理解,所有这些因素都是面向学习过程和学习结果的。领导力,特别是学习领导力,是改善加泰罗尼亚学校学习模式和学校成功的重要因素。

仍然有人在反对把领导力的概念引入教育界。与 OECD 的合作带来了一些新观点,并使得分享其他看法和分享国际经验成为可能。这两年里浇灌的种子以后有可能发展为一个囊括了学校网络和教育改革中心的学习领导力项目。豪梅·波菲尔基金会的使命是改善加泰罗尼亚的教育,所以基金会紧紧抓住这个与 OECD "创新型学习环境"项目合作带来的机会。我们已经成为这个更大的学习共同体的一部分,在该项目第三阶段"实施与变革"开始之际,正贡献着我们作为加泰罗尼亚一个引领性的教育研究机构所具有的经验和知识。

2012年11月在巴塞罗那举行的国际研讨会阐释了教育创新环境下对分布式领导和协作式领导的理解。这种领导力将权力赋予教育界所有利益相关者，并把他们带上了舞台重心。这种分布式和协作式领导力导致了促进协作和交流的网络的产生，包括本地的利益相关者和例如OECD这样的国际组织之间的联系，而不是自上而下的俯视关系。本报告中关于领导力的一些理论文献在这次大会上同时得到了分享和提炼：我们已经把对教育领域中的协作式领导力的理解付诸行动。

在加泰罗尼亚进行的研究让我们倾听了很多教师、校长和教育者的看法，他们反复强调专业态度的重要性：对世界持一种开放的态度，并乐于与其他现实问题和经验互动并从中学习，这至关重要。终身学习的态度包括建立更广泛的合作团队，创造必需条件，促进新型领导力、个体教育和集体教育以及培训和发展的涌现。

如果说在创新环境下我们从学习领导力中学到了什么的话，那就是在一个项目中不同领导力的结合所带来的结果。做项目就要有一种愿景并且与人分享，这种愿景是在与他人的关系中形成并发展的。这就实现了教育领导过程中与"人"相关性最大的部分。很多的成功和失败都取决于每一个人是如何工作以及如何与他人合作的，取决于已做的工作和未做的工作。对学校而言也一样，教育的成败与创建项目的能力密切有关，这种项目超越了个人利益而且不是个人利益的叠加。当项目的目标超越了每位专业人士、每位教师的利益，也超越了同一学区内每所学校的利益，或者这个项目让一所初中与小学合作从而使其利益超越了一所初中时，那就是分享式领导。你也可以创建一个同时符合地方和国际利益的项目或观点。这种领导力也应该出现在课堂或学习群体中，出现在全体教师和他们的学生中。

联合应该在整个过程中都以互相信任和共享式领导为基础。在分布式领导项目的实施中，在领导者自身的个体成熟的基础上建立个人间的关系和信任至关重要。无论是在实施学习领导力的微观（关注学习的主要方面）层面上，还是中观（网络和集群）或宏观层面（教育政策）上，这一点都是一个关键因素。

"创新型学习环境"项目团队鼓励赋予当地的合作方以权力，并强调这一合作项目中的互利关系。我们已经推行的责任共担旨在促进变革的实施，并为新领导力的出现创造条件。承担义务、热情投入、相互关系、互相信任、共同的价值观是我们已经建立起来的基础。

研究与观察：变革的驱动力

前面提到加泰罗尼亚已经成为并将持续作为一个教育创新之地，但这一传统以及由此带来的优秀的教育实践往往不为政府、学术界、大学方面或者更大意义的共同体所接受。所以，经常出现这样一种现象，当创新的资助者的积极支持结束后，这些创新实践会半途而废，停滞下来，或完全消失。这就意味着我们的很多创新是"脚踏实地的创新"而非"纸上谈兵的创新"。此外，当变革不再具有创新性并变得官僚主义从而失去进行有意义的改革的动力时，经常就变成了"纸上谈兵的变革"。研究和分析我们自己的经验，将它与其他国家的创新相联系，并放在 OECD 创新项目的理论和实践背景中，这就在与教育高度相关的未来领域开启了一项对国际共同体和加泰罗尼亚的教育都富有成效的研究。

豪梅·波菲尔基金会有着深厚的改革传统，汇聚了由大学讲师、每天站在教学一线的中小学在职教师组成的加泰罗尼亚专家顾问小组，并践行了"创新型学习环境"项目的特色性指导性原则之一：研究和实践的对话。这是因为该项目最有价值的输入之一就是触及学校和学习环境的微观层面（这里是学习真正发生的场所，这一层面至关重要却又经常被遗忘），以及他们如何能够对创新和 21 世纪的新学习者做出反应。

对这些学校进行分析和考察并不是什么新鲜事，新鲜的是考察的最终目的。我们没有不停地去发现多数 OECD 成员国的学校中有哪些问题，或是关注危机的严重程度，而是设法从经验中学习并创造解决问题（行动）的有用知识（研究）。我们不否认学校及其所处的更大环境面临的困难，我们希望敞开大门找到可能的解决方法。在学校受到的监督和关注超过以往任何时候之际，"创新型学习环境"项目不是对不同国家进行比较，而是用研究来推动和促进能够提升 21 世纪小学生和年轻一代的创新型学习经验的鼓舞人心的实践、领导力和政策。

通过我们教育共同体中的人对与 OECD 的合作进行反思和分析，使得与 OECD 的合作变得更加丰富。他们进行了一项研究，旨在从学校内部的视角来对教育创新中领导力的关键作用进行发现识别、特点分析、结论总结及阐释。科学文献中的概念和教育实践之间的持续流动说明专业的经验能够丰富研究，反之亦然。研究被置于行动与反思、实践与思考、观察与干预之间的持续紧张关系中。研究的逻辑（新知识的产出）和行动的逻辑（找到方法解决问题）之间正在进行一种来回反复的运动。我们常常从研究者经常问的"正在做什么，如何做"的问题，被带到了通常是实践者常常问的"应该做什么"这一问题那里。

一个理论和行动互相丰富的例子是，一名国际专家对 2012 年巴塞罗那研讨会上的教师、教育家和校长说："如果我在写书之前跟你们讨论过的话，我的书中有些部分会跟现在有所不同。"同样，我们可以引用加泰罗尼亚专家顾问小组的一位教师在一次会议上的发言："做研究成为了我的一种特权。观察和分析让我用一种不同的方式去体验学校和课堂中的日常工作。我学到了很多，我还认为基于我作为教师的背景和经验，我可以对集体做出很多贡献。"这些来自学术界和实践界的评论强调了需要在对话和契合点之间架起桥梁，让它们在研究中共同作用，创造出共同的知识并解决现实中的问题。

参观学校、观察课堂、与校长研讨：这些都带来了丰富的知识。在第一次工作坊上，本地的专家认真学习了"创新型学习环境"项目的原则和理论框架，以及国际教育领导力专家提到的文献。但除理论外，从加泰罗尼亚改革案例分析中获得依据也非常重要。在研究团队的会议中，我们互相提问，交流不同观点，使得这些观点不断转变成型，并且最终不只属于任何一个人。我们体验了"共同思考"这种方式。团队的成果超越了每个成员的个人成果，而且团队的整体成果再一次超越了个人成果的总和。

这项研究让我们拥有了使我们成为专家的一种会话和知识，因为我们基于自己的经验创造了知识。研究和培训之间的界限变得模糊。这项研究让我们可以在一次工作会议上说我们已经成为一个学习共同体。在 2013 年 6 月，我们同意继续合作研究，并承诺宣传扩大我们的团队，邀请其他学校和专家参加并体验其中的研究知识和培训。我们做这些的同时，仍然在实践的观察和分析与实践自身的转型之间持续来回、反复互动。

我们将自己置身于关于实践的新的认识论框架中，这一新的认识论强调"反思性专业工作者"(Jolonch,2002),并提出了平衡行动和知识之间的逻辑关系的专业学习和反思性实践的方法。在众多的困惑纷扰之中,关注来自课堂的教育实践中所产生的具体的解决方法和创新至关重要。我们知道,20世纪的学校已经一去不复返了,但我们还是不能很清楚地知道21世纪我们所需要的是什么样的学校。

因此,毫不奇怪的是,我们需要把研究和反思引入到专业实践以推进创新,这是我们对"学习领导力"进行界定的结论之一。这意味着教学文化的变革,一种新的培训模式,以及理论和实践、大学和基层之间关系的一种革命。在这方面,我们在加泰罗尼亚还有很多工作要做,我们希望这里的经验能够激发类似的新项目。

建立协作和网络:教育改革

这个共享式领导力项目中产生的另一个突出的特点是协作。我们在本地建立了一个工作小组,小组中的研究者来自加泰罗尼亚的四所大学,此外还有政府官员、小学校长、巡视员以及每天在课堂中上课的教师。遵循着"创新型学习环境"项目从学校内部分析学校和用研究说话的精神,我们建立了一个由学者和基层利益相关者组成的工作小组。豪梅·波菲尔基金会多年积累的经验、其开展辩论和交流的合法性,以及基金会与人和机构之间的关系,都为加泰罗尼亚教育共同体中一系列利益相关者走到一起,并在同一个研究项目中与来自OECD"创新型学习环境"项目的国际专家持续对话提供了基础。参与研究的大学、教育当局、教师和学校管理团队一起合作,我们还在巴塞罗那国际会议召开的背景下,努力让加泰罗尼亚政府也加入进来,发展政府在此大会之后继续开展学习领导力研究的潜在兴趣。

我们把自己置于领导力的"中观"层面:形成网络。这不是一个纵向的设计,也远不是鲜有成果的自上而下的改革。我们已经编制了一个关系网,这个网络可能成为加泰罗尼亚领导力和教育创新的驱动力。作为一个学习网络,我们在一个互相学习和知识构建的持续过程中一步步前进。我们也知道创新也是这样一步步规划的一个集体的、协作的、参与性的过程,明确地向学习过程开放。创新在很大程度上是不同参与者之间的相互作用的结果,在我们这个案例中的参与者包括大学、学校和政府,所有这一切都把地方层面和国际层面联合了起来。最终结果是在不同环境中工作的专业工作者之间构筑了一个知识和互动网络,使创新成为可能。

关于学习领导力的研究说明,通过同一网络中的教育者团体的互相学习、与家庭的合作,以及与其他学校、本地共同体和其他国家的互动,这一领域也会发生变革。在新的变革背景下,在一个反思性的社会中,网络有很大的潜力,会在开放、对话和合作的基础上产生学习的动力系统。所以变革和改革产生于共同体这一中观层面,加强了微观、中观和宏观层面上的联系和创新的传播。

豪梅·波菲尔基金会的项目和OECD"创新型学习环境"项目的合作不是孤立进行的,而是向网络开放的,并且有多样化的加强了的新联系。不确定的改革环境以及回应新学习者的需求,需要能够带来那些灵活、多焦、智慧的结构的教育范式的转变,以及镶嵌在知识社会中的学习的概念。在"创新型学习环境"项目中,加泰罗尼亚教育部、加泰罗尼亚大学和学校中的讲师和教师研究者,以及豪梅·波菲尔基金会及其研究团队都创建了网络并一直在学习。所以,我们自身的经验表明,学习网络使领导力和责任的分享、传播成为可能。

项目所研究的学习领导力

阐明参考条款

OECD"创新型学习环境"项目采用了一个新的视角对教育环境进行分析,这一视角为我们对加泰罗尼亚学校中学习领导力的研究提供了新的焦点。关于"学习领导力"的文献并不多,本项目的工作团队从各种渠道获取文献。"创新型学习环境"项目的文献(OECD,2008,2010)对创新型学习环境的研究提供了起点,此外,本项目的新文献还包括MacBeath(本书第3章的早期草稿),它强调了学习、学习的条件、对话、共享式领导力和责任,以及 Senge(1990)、Spillane(2005,2006)、Fullan(2002,2009)、Hallinger(2011)及 Leithwood 等(2004),另外还有 MacBeath 和 Cheng(2008),Seashore 等(2010)为华莱士基金会(Wallace Foundation)所作的评论,以及 Salavert(2012)的文章。

这些文献来源是用来界定为年轻的学习者(学业表现和个人发展)和教育者(作为

一个专业共同体的成员的专业发展和持续学习)设立学习条件的新领导力这一概念的。因此,是领导力让教育成功成为可能。学习领导力的一个重要方面是在复杂的相互关系中为使学校和课堂成为活生生的、动态的学习发生地提供基础(Marsick, Watkins and Boswell, 2013)。这些相互作用不仅是互相关联和使人们形成联系,也是系统性的。例如,由教师的期望引起的学生成绩上的模式化的变化,或者加强教师协作而产生的学业上的严格要求。

正如研究团队开始认识到的一样,学习领导力不仅是以学校管理者为重心:一个成功的学习环境是一个让学习者无论作为学习者还是作为一个人都能得到发展的地方。当教师创造出散发着温暖、尊重、动力、求知的好奇心和支持的环境,让每个学习者都获得个体进步,同时所有学习者作为一个整体也获得进步时,学习领导力就出现了。教师的领导力体现在其创造这种课堂环境和培养学生领导力的能力上,而学生的领导力体现在良好的学习习惯、内在的学习动机、学习自主性的提高、与他人相处和合作良好,以及参与性等方面。

学习领导力是一个创新的概念,所以在变革、创造附加值和打破现状的情况下会用到这一概念。它源于几种领导力(教学领导力、组织领导力等)的交叉和集合,并让这些领导力延伸得更远。学习领导力持续不断地在学习者和共同体中传授学习,创造学习自主性并赋予权力。学习领导力的目标是发现一些可迁移的理论,包括变革管理理论,共享式、协作式和团队领导力策略,并发现能够提供学习的组织,这些组拥有"价值—创造"链,能够"读取"并解释现实(诸如学校中的课堂,或课堂中的学校)。

多方利益相关者的新工作策略

豪梅·波菲尔基金会中观层面的领导力是在这一过程中要理解的第一个要素,涉及很多利益相关者(见上文)。这一过程很关键地建立在旨在推动基于证据的讨论和辩论的研究基础上。为辨别学习领导力的各要素,本研究采用了非评判的研究方法。通过以下过程,本研究辨别并描述了与理论一致的各要素和研究学习领导力的概念方法:

建立加泰罗尼亚专家团队。在一个四人核心小组的基础上,豪梅·波菲尔基金会又从教育系统(教师、校长、巡视员、后勤主任等)和大学部门(讲师研究人员)邀请了一个专家小组。他们共同组成了一个工作与研究团队。

按如下标准,尝试性地有目的地选择了6所研究学校:
- 这些学校应该具有典型的学校特征(在统计材料中它们为"常模"学校)——这是为了避免争论这些学校的经验不能为大规模推广或迁移提供参照性实践。
- 但是,这些学校在推行学习和领导力方面(促进更多更优质的学习,无论是正式的课程学习或其他形式的非正式学习)应该具有特色。
- 每所选中的学校应该在"中观维度"上互相联结,通过分布式领导力和协作式教学,将与学习环境/项目内外部的各团队的人们联系在一起。

此外,学校规模的大小也是一个关注因素,以每个年级2—5个学习小组为标准。学生的客观考试成绩必须高于加泰罗尼亚的平均成绩,或在过去5年中持续进步。选择出来的三所幼儿园和小学以及三所中学实现了学校的平衡,这样就分别包括了"国际教育分类标准"(International Standard Classification of Education,ISCED)中的年龄组1的儿童和年龄组2的青少年。我们选择学校时还考虑到了学习环境或项目中家庭或其他参与方的参与。我们还选择了那些在过去三年中所需场地远超现有条件的学校(作为判断学校是否"成功"和社会感知变革的指标),以及那些在过去五年中学生旷课持续减少的学校(特别是中学)。

到所选学校进行研究考察。制定了去每所学校联系、参观及访谈的计划,包括以下主要阶段:
- 研究小组成员中的两人组成一个二人研究小组,一个来自学术研究,另一人来自实践研究。二人研究小组与学校联系并向校方介绍项目的相关信息、选择特定学校的理由,并说明研究的目的是分析而不是评价或评估学校的工作。
- 二人小组按照协商好的时间到学校参观,并对学校的管理层进行访谈。之后由学校管理层派出一名代表陪同二人小组到各年级课堂参观,并与一些学生交谈。收集课堂上的证据并制作一个样本,作为与校方管理层进行评价和分析的材料。

豪梅·波菲尔基金会举办研讨会与学校校长进行研讨,负责每个学习环境项目的整个研究团队出席研讨会,并对每个领导力愿景进行深入分析。

每个二人研究小组形成一份案例报告,从过程、结果和其他明确的影响等方面,对学习领导力的证据进行分析。

与学习领导力相关的因素

下一节从本研究的关注焦点出发,提出了本研究发现的与学习领导力相关的几个要素。每个学校的经验都揭示了独特的特征,同样,不同的项目发展阶段或水平也都已得到确认。研究过程和教育结果都各不相同。对学校的选择按照上文提到的标准。由于本研究是在没有先例的条件下提出的新论题,因此可以把它看作是探索性的。

项目如何开始

对多数研究项目而言,改革的起点清晰可辨:一个里程碑事件、一个情境或对实现改革的需求。我们分析的学校从不同的方面表现出改革的需求,例如:入学人数的持续减少、管理团队的特点及其任期的变化、意识到学校形象在社区中的恶化、学业成绩的持续下滑、从已有的学校划分出一个新的学校。

上述现象致使学校到达一个"突破点"或改革点,要从前一阶段向学习环境进行改革。有时,改革由拥有学校的实体发起(教育当局或私营企业主),并把学校的运营委托给承担着为提升学生的学习而进行学校改革这一责任的某个体或团体。但是,多数情况下,是由内外部环境推动的学校自身的内部动因带来的一个机会,它使一些人决定扭转局面,关注创造更有利于学习的空间或改进学习条件这些新的方面。然而,任何情况下都可能要形成一个划分"之前"和"之后"的点,即一个小组(起初很小)决定变革的方向并且开始将其规划成一个新的项目的某一特定时刻。这样的起点也体现在学校中每个人所分享的一个新的集体叙事,这个叙事使得个人能够对学校的过去和发展做出解释,这就产生了对改革的共同需求。

专业态度(特别在管理方面)

我们所分析的这些案例中,当学校面临着必须向世界开放并且与其他教育机构、专业人士和关键人物建立联系和网络这一现实时,改革能否实现与管理团队在相似的言论中表现出来的态度有关。这种态度表达了改进的需要,向世界开放的需要,与曾经历过困境的学校联系并向其学习的需要。我们分析的经验包括到学校参观考察、研究参考文献和场景、到拥有成功教育体制的国家进行研究考察、加入学校网络。这些经验得到了相关论据的证明，这些论据表明了一种研究、调查、继续学习和将继续学习与社会整合的态度。一位在芬兰教育系统内获得博士学位的校长是这样的一个例子，一所利用教育网络获得改进的动力机制（通过学校间网络进行策略规划）的学校也是这样的例子。

在多数案例中观察到了另一个行为因素是"主体"感，而不是"抱怨文化"：大多数管理团队的解释都强调这样一种意识，即管理团队必须是改进的主要因素，解决学校面临的问题的责任是内部的、集体的责任。总体上，他们重视对现状的分析是为了离开现状以获得将来的提升，而不是为了合法地反对变革或证明安于不利现状的合理性。

一个学校项目

我们研究的所有这些学习环境都有一个特定的学校项目，这一项目被明确规划进一个参考文件中，作为一份指南说明该项目将会做什么，以及在必要时根据变化的环境做出必要变动。这一样本中的所有学校都清楚地意识到一个独特的教育项目正在实施，有助于学校获得持续的提升，并使学校的教育共同体作为一个整体而面临挑战。学习领导力取决于一个学校项目，而并不一定要为这所学校或为创建学习环境的人规划出必须要实现的特定目标。

项目在我们所研究的每个不同学校情境中的操作也不一样。在一些学校，项目被提炼成结合了理想和任务的主题句。在另一些学校，它又成为了对未来的战略性规划（如，展望2020），这些规划制定了中期目标和长期目标，并对年度考核报告中要报告的行动、资源、时间期限、指标等达成共识指标。还有些学校的项目则包括了学校的教育规划，这类规划通过中长期应该达到的愿景得到了进一步阐述。在另一所学校，尽管计划没有做成完整的文件形式，但学校领导对其进行了很具体的报告。

每个项目规划都有一个不同的关注点，而且不是所有的规划都具体提到了改进学习这一目标（尽管这有可能是最终结果）。但那些没有明确提到这一目标的规划有一些背后的原因。在一所学校，项目规划基于解决人及管理团队的动态机制、相互关系和相互作用,基于提升他们共同的专业生涯,基于他们如何对待对方,以此作为开启关注学习的第二个过程的必要条件。简言之,打破阻止学校进步的障碍而后使学校关注学习。一位校长这样说:"到目前为止我们已经领导了一场'进化',我们正在领导一场'革命'。"

管理团队的作用

尽管我们也承认领导力的分布式本质和协作式领导,它基于团队本身成员的参与或基于更大范围的协调性团队的创建,但在每个案例中,管理团队是另一个发挥着关键作用的核心要素。在很多案例中,管理团队为某一周期或与某一项目相关的教学小组中的领导力的形成创造了条件。

多数情况下,管理团队把自己的任务看作项目执行过程的一部分,会持续一段时间,但最终这一团队会被新的团队取代,由新团队继续执行并更新任务和项目规划。在三个项目中,我们都观察到前任管理团队在离开管理职责后,继续留在学校作为普通教师支持项目的执行。在一个案例中,一位前任校长就继续留在管理团队中。

管理团队的任务之一就是发现取代他们的人选,让他们参与项目并对他们进行培训——逐步让他们参与管理或促进对将进入管理岗位的人进行对学校具有战略意义的项目培训(大学研究生或硕士水平的培训)。在每个案例中,这种项目规划的连续性和持续性意识并不明显。但是,那些将持续性视为优先选择的案例中,通过逐步的责任托管和集中的管理培训,已经开始采取措施培训新的管理者。

我们所研究的学校的校长也明显表示出对新事物的学习和新机遇的开明态度,他们已经准备好公开他们正在做的所有工作。几乎在所有案例中,多数校长对参加此项研究持积极态度,把这看作是使自己学校的规划深入符合继续学习的一个机会。

教师领导力

教师领导力是通过课堂中和学校中的角色转变来得以实现的。经过多次参观考察,我们可以观察到教师是学习动力的终结者和管理者,而不是传统的知识和内容的传递者。在不同水平和阶段的团队、其他学习者小组以及学校范围的改革项目中也可以观察到领导行为。

有些教师表现出很强的利用学校设施(教室、实验室、工作室、走廊等)创造课堂学习机会的自身能力,他们把这些设施作为学习的空间,在学习活动中把开放性、灵活性、自主性结合起来,让这些设施与更高的活动目标和活动方向两方面的需求互相作用。我们可以去观察一位或多位教师与一个或多个学习者群体通过学习者所知道并共享的项目进行的互动。我们已经观察到,教师是如何作为过程的监管者、互动与交流的管理者,以及问题解决的支持者与动机激发者。他们认真地倾听请求,紧随其后提出问题,通过各种资源和支持为学习者提出建议和刺激情境,实现这些角色。

对某些教师行为的观察也解释了他们对学习者群体领导力的理解:他们认为老师要照顾学习者、监督他们的个人发展,并力求使每一位学习者都发挥出自己的潜力。他们还表现出一种关于教学的愿景,把教学理解为不断地创造学习和个人提升的机会,创造成长和成熟以及促进学习者发展的机会。此外,他们还表现出与此同时"向学生学习"的意识并由此获得作为教师自身的个人发展。

这些也可以从某些学习环境中观察到的对学生错误的处理中看出来。在这些案例中,学习者并不害怕回答错误。教师把学生的错误变成了加强学习的机会。有位学生说:"我们都会犯错,有时老师也会犯错。"

所有这些研究的案例,都表现出对教师专业发展的持续而浓厚的兴趣。这种兴趣转化成了寻找关于知识管理的个人和集体培训项目,但也包括为提升教学质量而调动内外部资源。

在研究中,有一所学校的管理团队在每个学年末都要就学生及其家庭填写的一份满意度调查和每位教师谈话。根据调查结果和教师自己的想法,教师会被问及在下个学年应该如何设立改进目标。为了能够实现教师提出的这些改进目标,学校会寻求提供培训或其他资源。这种方式结合了形成性评价、教师对自己的教学实践的反思,以及在一个充满高(自我)期待和持续改进环境下的专业发展支持。

还有一些例子表现出对集体专业培训和专业发展的兴趣。我们看到了很多让所有教师聚集到一起共同学习的时间上和空间上的组织方式:培训工作坊、教师自己领导的内部培训、创建项目团队、从横向和纵向上对课程修订以及寻求以后能在中心分享的外部培训机会。

有些案例中,学校对聘用新教师并让他们参与改革项目特别有兴趣。在各种方式中，教学部门中的指导("作为评估者的教师")和一些特殊过程是用来让新教师参与到正在开展的项目中并确保其继续进行。在私立学校的案例中，还运用了按战略需求选择新教师的方法，这预示着将来的改革项目发展中会需要这些新教师。例如，考虑到要能够用英语授课，并使用内容与语言整合式学习（Content and Language Integrated Learning，CLIL）等特殊教学方法，就需要一位比常规要求（比如小学教学需要学士学位）更高学历和英语知识更丰富的教师。

学习者的领导力

我们所研究的学校致力于最大化地利用学习者的多样性。无论哪种教育水平的学校，我们在所有学校中都发现一个共同特点：认为学习者首先应该承担自己学习的领导责任，然后通过参与小组活动，运用自己的个人特点或学习技能协助进行集体学习。这经常以领导基于问题、项目或挑战的小组学习形式出现，或以在共同体中的小组合作的形式出现。通常，学习者小组就像他们的分组一样，会对容纳、异质性和增强的自主性等标准做出反应。在有些班级，学习者自我管理任务，独立完成或作为一个小组来完成，我们也观察到了学习者自我管理活动中的动力机制和协作的动机制力。

我们应该强调两个问题，这两个问题在我们考察的学校课堂上经常被用来提问学生："你在干什么？""你为什么这样做？"教师采用这种方法测量学生的知识程度和对正在进行的活动的目标及意义的理解。研究团队认为，如果把重点放在学习上（MacBeath，2012；Salavert，2012），就有必要用简单直接的方式，去问学生对自己所学知识的理解程度。这可以延伸到策略的运用甚至元认知方面，以及元认知的意义、使用和最终目标，活动的原因及其与学科、课程、自身开发过程及背景的联系。这就是每个二人小组所参观的所有课堂都被问及这两个问题的原因。

对这两个问题的回答反映出不同的学习现状，从学生不加鉴别就运用的对教师指令的机械重复的反应（"因为老师让我做，因为到时间做了，因为现在是我们做这个活动的时间"），到完全取决于语境的回答，这些回答体现出了充满热情和信心地解释意义的一个学习过程。研究小组意识到，不可能总是能确保学生的回答体现对活动及其意义的一个高水平理解，但研究策略为我们提供了有用的信息。这种调查策略的有效性在豪梅·波菲尔基金会与研究小组和学校校长举行的研究小组工作坊上得到了确认，引导教学团队和管理团队同时从课堂层面和学校层面修订他们的策略。为了提高对教育目标的集体意识，这些策略还需要加强。

家庭和社区的参与

家庭和社区的参与是只有在学校中才能部分实现的重大事件，但专业人员在开始承担任务时就对此进行了明确辨别。所研究的学校跟它们所在的社区保持着特殊的关系。在有些学校里，学生父母（甚至祖父母）都成为了学校里的"专家"，为学生解释他们深入了解的知识。他们还是学习尤其是英语学习的会话助手。还有一些学校中，是家庭主动发起了一些创新举措。有些学校通过加强和巩固与邻近组织、团体、服务学习活动的关系，以及参加社区项目，广泛调动了社区资源。

这些经历打破了教师在教学中的唱独角戏的状态，并帮助学生认识到知识和学习的来源多种多样：教师、父亲、母亲、社区中的其他成年人、自己的同学，以及网络中的其他可用资源。

重视学习意味着重新解读课程

课程需要在广义上加以重新解读：课程项目和内容毫无疑问，但同时课堂、方法论、信息与传播技术（ICT）的整合、使用的空间、学习者分组等也需要重新解读。在一所学校中，教师的备课工作的很大一部分是用来重读"官方"课程项目和内容，从而通过改造这些课程项目使之能够满足英语学校的需求和机会，以及找出边缘性的不必要的事项，来支持学习。这一工作通过一个关注学习技能和学习的工具维度的新教师项目得以实现。

在其他案例中，通过把课堂活动分解成一系列的项目，最终改变从属于每个项目阶段需要的方法论策略，对课堂的动力机制进行了重新提炼。在有些学校，当学习者独立地创建发布在班级博客上的内容时，ICT技术显然已成为课堂上的日常资源。不同学校对信息传播技术的运用方法不同，但在很多学校，ICT技术已经成为一种"无形的"课堂行为，因为它已经融入到课堂中，人们很自然地使用它，而不是把它看作一种不寻常的或独特的技术。但是，他们都非常清楚，要充分发挥技术的潜力还有很长的路要走。几个学校已经在"edu CAT 1x1"项目（每个学生一台电脑）中开始了这项工作，但这一项目因为缺少资金而不得不停止（该项目期望为小学和所有的公办初中提供足够的电脑和互动白板）。

在不同的学校里，研究团队都发现了对持续提高学生自己就所学内容进行交流的能力的兴趣。例如，邀请一年级的学生用各种方法（口头、写作、画画、计算机等）展示他们已经学过的内容，他们的研究内容以及他们在网络或阅读中发现的内容。其目的是提高三项技能：信息和知识管理技能、沟通能力和领导力。在另一个案例中，两个班级进行了合并，使合并后的班级拥有了两种不同水平（年龄也因此不同）的学习者，他们可以合作，拓宽了学习者的发展视野，并打破了按实足年龄进行分班的限制。

已有的效果

因为在"学习领导力"这一构想下创建的项目的初始情境差异很大，所以项目执行的效果也不总是与学习有关的。除了在更加正式的学习形式中寻找具体的效果外，在学校和学校—社区中相关的其他效果也被考虑在内。这些效果包括出勤率的提高、不同团体的积极共存，尤其是与学习者及其家庭的关系以及他们与教师的互动、学校在社区中的公共形象、关于学校使命的沟通与认可，以及学业成绩和学校表现（通过分数、毕业率、外部测试成绩和完成义务教育后的继续学习等表达形式）。

在研究的案例中，通过管理团队在访谈中提供的目标性指标，研究团队能够发现这些学校在过程中和结果上的提高。并不是所有学校在所有指标上都得到了提高，但这些学校至少在一个指标上有了提高的趋势，总结如下：

- 冲突水平降低，不同团体的共存和学校的积极氛围得到了提升。
- 学生旷课减少。
- 教育当局所要求的基本技能测试结果得到提高。
- 未满16岁学生未完成学业或未取得中等义务教育文凭的早期辍学学生的数量减少。
- 完成义务教育并取得证书的学生比例提高。
- 完成义务教育后继续学习的学生保留率提高。

最后，在后续措施、评价和可持续性方面，各学校遇到了不同的情况。有些学校已经在前期建立的指标基础上，开发年度评价系统和问责系统。他们还报告说，发展改进的一个机制就是参与性评价。

提升学习领导力与创新的研究：主要结论

在加泰罗尼亚，六所学校关于促进学习的领导力研究可以将实践与不同作者提出的理论进行比较，也让我们看到，关于学校现实的系统愿景以及对阻碍学习的障碍清除是如何创建了有益于学习的条件（Senge，1990）。同时，还体现了就学习作为整个教育组织应该追求的最重点的里程碑事件的目的和重要性进行对话的重要性，也体现了将学习转换成由整个共同体创建、知晓及分享的具体的规划或主题的形式的重要性（MacBeath，2012）。这一过程还揭示了与领导力相关的各方面，例如，管理团队的重要性及其在推动改革进程以及创造条件鼓励协作中的作用，以及为教师和共同体中其他人共享的项目提供支持中的作用（Spillane，2005；Fullan，2002，2009；Hallinger，2011）。

这一项目还使我们相信，在专家团队看来，之前只是用非常通用的方式来理解学习环境中的实践。在有些场合，会话甚至比能够用具体的术语来表达和跟进的实践发展更快。有些与理论方针一致的参照性实践没有得到很好的记录。

Salavert（2012）的方案中提出的策略对识别学习领导力的要素很有帮助，并提供了简单有效的方法：节约时间、把学校改革动因中的干预保持在最小程度、强调这项研究只是研究而不是对学校的评估或评判。无论是研究团队还是受访学校的校长和成员都非常接受这一点。

要使被选学校的实践看上去可推演到其他学校，需要一个周到规划的参照情景，但是对学校的考察和案例研究为这一愿景提供了详细材料，并辨别出了很多观点的不同发展水平，这些观点是按照其理论贡献从很多维度加以收集的，这些维度包括：正式规划、分布式领导力、参与学校共同体并与之交流、评价和后续评价体系、对学习的影响。

在研究的项目中，不同的发展水平与不同的可持续水平也存在关联。所以，在有些案例中我们可以发现人员饱和或过于依赖一小部分人的现象。所咨询的一些领导者认为，这会危及到研究项目的后继和中长期的可持续性。

这一经验可以实现对学校及其他分享学习领导力的学习环境中创造的持久学习愿望进行评估，而要实践领导力并实现更大的项目，这种愿望是不可或缺的。从与更多参与者分享领导力的实践中产生的学习愿望为能力培养创造了条件,同时也展现出一个对更广泛教育系统有益的创新和研究视界。

本研究是关于学习领导力创新举措的一项研究,它属于是知识和合法性创建,而不是"评价和判断"策略创建。同样,它也非常有力地提供了对改革过程进行反馈的资源和知识,并将会以同样的方式,借助与教育学部的伙伴关系,通过职初教师教育和持续性的教师教育应用于未来。

研究团队承认,他们希望未来继续这项研究,目标是准备一个文本来对这六个案例进行解释,并准备一系列指南来鼓励学校和学习领导者推动学习环境中的创新。

在豪梅·波菲尔基金会的领导下,研究团队还已考虑可能在下学年邀请更多的学校参与类似的过程,以便增长关于学习领导力的知识并提升促进更好学习的更高领导力。

最后,在学校和教育系统创造和传播知识是本项目的最重要目标之一。为达到这一目标,核心策略包括组织研讨会和与利益相关者的技术讨论(豪梅·波菲尔基金会在这方面有很多经验),出版关于主要研究结果和研究方法的报告。整个研究过程将通过OECD这一渠道,对创造新的国际性知识做出贡献,并可能促使经过本地/地方环境检验过的积极变革能够随后为其他地区所改进和推进,踏上一个良性循环的车道。

注释

1. Anna Jolonch 为主准备了本研究项目的介绍及其国际性的联系,Marius Martinez 和 Joan Badia 为主撰写了研究项目所研究的学习领导力。

参考文献

Badia, J. and M. Martínez (2012), *Protocol per a l'observació de contextos de lideratge per a l'aprenentatge* (Observation protocol for learning leadership cases) Document for internal use, Fundació Jaume Bofill.

Fullan, M. (2009), *Motion Leadership: The Skinny on Becoming Change Savvy*, Joint publication of Corwin, Ontario Principals' Council, School Improvement Network, American Association of School Administrators and National Staff Development Council.

Fullan, M. (2002). *The Change Leader*, Center for Development and Learning, www.cdl.org/resource-library/articles/change_ldr.php.

Hallinger, P. (2011), "Leadership for learning: Lessons from 40 years of empirical research", *Journal of*

Educational Administration, 49(2), 125 – 142.

Hargreaves, A. and D. Fink (2008), *El liderazgo sostenible. Siete principios para el liderazgo en centros educativos innovadores* (Sustainable leadership: seven principles for leadership in innovative schools), Morata, Madrid.

Jolonch, A. (2002), *Educació i infància en risc. Acció i reflexió en l' àmbit social* (Education and children at risk: action and reflection from the field), Proa-Centre d'Estudis de Temes Contemporanis, Barcelona.

Leithwood, K., K. Seashore, S. Anderson and K. Wahlstrom (2004), *How Leadership Influences Student Learning*. Center for Applied Research and Educational Improvement, Ontario Institute for Studies in Education, Toronto.

MacBeath, J. (2012), *Collaborate, Innovate and Lead: The Future of the Teaching Profession*, Debates on Education, Fundació Jaume Bofill, Barcelona.

MacBeath, J. (2005), "Leadership as distributed: A matter of practice", *School Leadership and Management*, 25(4), 349 – 366.

MacBeath, J. and Y. C. Cheng (eds.) (2008), *Leadership for Learning: International Perspectives*, Sense Publishers, Rotterdam.

Marsick, V. J., K. E. Watkins and S. A. Boswell (2013), "Schools as learning communities" in R. Huang et al. (eds.), *Reshaping Learning: Frontiers of Learning Technology in a Global Context*, Springer-Verlag Berlin Heidelberg, 71 – 88.

OECD (2010), *The Nature of Learning: Using Research to Inspire Practice*, OECD Publishing, Paris. http://dx.doi.org/10.1787/9789264086487-en.

OECD (2008), *Innovating to Learn, Learning to Innovate*, OECD Publishing, Paris. http://dx.doi.org/10.1787/9789264047983-en.

Salavert, R. (2012), *Metodologia per a l'anàlisi de contextos d'aprenentatge escolars* (Methodology for the analysis of the schooling cases), Document for internal use, Fundació Jaume Bofill.

Senge, P. (1990). *The Fifth Discipline: The Art and Practice of the Learning Organization*, Doubleday Currency, New York.

Seashore, K. et al. (2010), *Learning from Leadership: Investigating the Links to Improved Student Learning*, Center for Applied Research and Educational Improvement; University of Minnesota; Ontario Institute for Studies in Education; University of Toronto.

Spillane, J. P. (2006), *Distributed Leadership*, Jossey-Bass, San Francisco.

Spillane, J. P. (2005), "Distributed leadership", *The Educational Forum*, 69(2), 143 – 150.

经济合作与发展组织

经济合作与发展组织(Organisation for Economic Co-operation and Development, OECD)是一个多国政府携手应对全球化背景下经济、社会和环境挑战的专项论坛,也是这些政府及时地共同应对诸如公司治理(corporate governance)、信息化经济和老龄化等种种疑难问题的前沿平台。经济合作与发展组织(简称经合组织)为各成员国政府提供了一个场所,在这里,他们可以比较施政得失,寻求共性问题的解决方案,采取有效举措,并统整国内外政策。

经合组织成员国有:澳大利亚、奥地利、比利时、加拿大、智利、捷克、丹麦、爱沙尼亚、芬兰、法国、德国、希腊、匈牙利、冰岛、爱尔兰、以色列、意大利、日本、韩国、卢森堡、墨西哥、荷兰、新西兰、挪威、波兰、葡萄牙、斯洛伐克、斯洛文尼亚、西班牙、瑞典、瑞士、土耳其、英国、美国。此外,欧盟委员会(European Commission)也参与经合组织的工作。

经合组织出版社公开发行本组织有关经济、社会、环境问题的统计数据和研究结果,以及各成员国一致通过的协议、纲领和标准。

图书在版编目(CIP)数据

促进21世纪学习的领导力/OECD教育研究与创新中心主编；王美，李晓红译.—上海：华东师范大学出版社，2016
（OECD学习科学与教育创新译丛）
ISBN 978-7-5675-4362-1

Ⅰ.①促… Ⅱ.①O…②王…③李… Ⅲ.①领导学-研究 Ⅳ.①C933

中国版本图书馆CIP数据核字(2016)第267599号

本书由上海文化发展基金会图书出版专项基金资助出版。
本书为全国教育科学"十二五"规划2014年度教育部重点课题"区域层面学校质量改进的中美比较研究"（课题编号DDA140204）成果。

"OECD学习科学与教育创新"译丛
促进21世纪学习的领导力

主　　编	OECD教育研究与创新中心
译　　者	王　美　李晓红
策划编辑	彭呈军
项目编辑	孙　娟
特约审读	袁洪珍
责任校对	李美娜
装帧设计	倪志强
出版发行	华东师范大学出版社
社　　址	上海市中山北路3663号　邮编 200062
网　　址	www.ecnupress.com.cn
电　　话	021-60821666　行政传真 021-62572105
客服电话	021-62865537　门市（邮购）电话 021-62869887
地　　址	上海市中山北路3663号华东师范大学校内先锋路口
网　　店	http://hdsdcbs.tmall.com
印 刷 者	浙江临安市曙光印务有限公司
开　　本	787×1092　16开
印　　张	12.75
字　　数	211千字
版　　次	2017年1月第1版
印　　次	2017年1月第1次
书　　号	ISBN 978-7-5675-4362-1/G·8823
定　　价	28.00元
出 版 人	王　焰

（如发现本版图书有印订质量问题，请寄回本社客服中心调换或电话021-62865537联系）